Alan

Stori Hedd Wyn
Bardd y Gadair Ddu

The Story of Hedd Wyn
The Poet of the Black Chair

ⓗ Alan Llwyd

Argraffiad cyntaf: 2009

Cyhoeddwyd gyda
chymorth ariannol
Cyngor Llyfrau Cymru

Cyhoeddwyd gan
Gyhoeddiadau Barddas

Argraffwyd gan Wasg
Dinefwr, Llandybïe

ISBN 978-1-906396-20-6

© Alan Llwyd

First edition: 2009

Published with financial
support from the Welsh
Books Council

Published by Barddas
Publications

Printed by Dinefwr
Press, Llandybïe

CYNNWYS
CONTENTS

1 Bardd ar ei Dwf
The Growth of a Poet

2 Blynyddoedd y Rhyfel
The War Years

3 Litherland a Ffrainc
Litherland and France

4 Brwydr Cefn Pilkem
The Battle of Pilkem Ridge

5 Coffáu a Chofio Hedd Wyn
Commemorating and Remembering Hedd Wyn

Cynhaliwyd Eisteddfod Genedlaethol 1917 yn Birkenhead, yn ymyl Lerpwl. Oherwydd y Rhyfel Mawr, gŵyl dridiau yn unig oedd hi. Cynhaliwyd defod y cadeirio ar ail ddiwrnod yr Eisteddfod, Medi 6. Roedd y tri beirniad yn unfryd gytûn mai bardd yn dwyn y ffugenw *Fleur-de-lis* oedd y bardd gorau yn y gystadleuaeth, a bod ei awdl yn gwbl deilwng o'r gadair.

Gofynnodd yr Archdderwydd i *Fleur-de-lis* sefyll ar ei draed, ond ni safodd neb. Galwodd eilwaith: neb yn sefyll; galwodd am y trydydd tro, ac erbyn hyn yr oedd yn amlwg nad oedd neb am godi. Yna, hysbysodd Dyfed y dorf, mewn llais crynedig, fod y bardd wedi syrthio yn y rhyfel ac wedi talu'r aberth eithaf yn yr amser byr rhwng y diwrnod yr anfonodd ei awdl i'r Eisteddfod a dyddiad cynnal yr Eisteddfod ei hun. Datgelwyd mai enw priod *Fleur-de-Lis* oedd Preifat E. H. Evans, neu Hedd Wyn, fel yr oedd yn cael ei adnabod mewn cylchoedd barddol, aelod o'r '15th Battalion Royal Welsh Fusiliers (First London Welsh), British Expeditionary Force', a'i fod wedi cwympo yn yr ymladd erchyll yn 'rhywle yn Ffrainc'.

Ar ôl datganiad yr Archdderwydd, gorchuddiwyd y gadair â chwrlid du, er cof am yr arwr a laddwyd yn y rhyfel, a galwyd yr Eisteddfod honno yn Eisteddfod y Gadair Ddu byth wedi hynny. Roedd yn olygfa deimladol, dorcalonnus. Prin, yn ôl adroddiadau'r papurau, fod yno lygad sych.

Dyma stori Hedd Wyn ...

In 1917, the National Eisteddfod of Wales was held at Birkenhead, near Liverpool. Because of the Great War, it was only a three-day event. The traditional chairing of the bard ceremony was held on the second day of the Eisteddod, September 6. The three adjudicators of the chair competition were unanimously agreed that the poet who bore the pseudonym *Fleur-de-lis* had written the best poem by far, and that the poem was worthy of the chair.

The Archdruid asked *Fleur-de-lis*, to stand up, but no one stood; *Fleur-de-lis* was called out a second time, once again with no response. The Archdruid called for a third and final time, but it was now obvious that no one would stand up. Nervously, the Archdruid informed the audience that the winner of the chair competition had been killed in the war and had paid the ultimate sacrifice in the short time between sending his *awdl* (long strict-metre poem) to the Eisteddfod and the date of the Eisteddfod itself. He also informed the audience that *Fleur-de-Lis* was the pseudonym of Private E. H. Evans, better known by his bardic name, Hedd Wyn, of the 15th Battalion of the Royal Welsh Fusiliers (First London Welsh), and that he had fallen in the terrible fighting 'somewhere in France'.

After the Archdruid's declaration, the chair was draped in black in memory of the fallen hero, and the 1917 Eisteddfod became known as the Eisteddfod of the Black Chair. It was a poignant, emotional scene. According to newspaper reports, there wasn't a dry eye in the pavilion.

This is Hedd Wyn's story ...

PENNOD 1

Bardd ar ei Dwf

Ar Dachwedd 16, 1886, priododd Evan Evans, mab i ffermwr o'r enw Lewis Evans, forwyn ifanc o'r enw Mary Morris, yng Nghapel Gilgal, Maentwrog. Roedd Evan Evans yn hŷn na'i briod o ryw ddeng mlynedd. Rhyw ddeufis ar ôl y briodas, ar Ionawr 13, 1887, ganed cyntafanedig y ddau, bachgen y rhoddwyd iddo'r enw Ellis Humphrey Evans, ond a fyddai'n dod yn adnabyddus drwy Gymru benbaladr fel Hedd Wyn.

Merch David a Catherine Morris o Ben-lan, yng nghanol pentref Trawsfynydd, oedd Mary Evans, ac yng nghartref ei rhieni y rhoddodd enedigaeth i'w phlentyn cyntaf. Treuliodd Ellis y pedwar mis cyntaf o'i fywyd ar aelwyd ei daid a'i nain ym Mhen-lan.

Symudodd Evan Evans a'i briod ifanc Mary o Ben-lan i ffermdy'r Ysgwrn, ffermdy wedi ei leoli y tu allan i bentref Trawsfynydd, ar y ffordd sy'n arwain o Drawsfynydd i Gwm Prysor, pan oedd Hedd Wyn yn bedwar mis oed. I'r ffermdy diarffordd hwn o ryw 166 o aceri y daeth Lewis Evans, taid Hedd Wyn ar ochr ei dad, i fyw ac i weithio gyda'i briod, Mary Evans, ym 1849. Priodwyd y ddau ohonynt un mlynedd ar ddeg ynghynt, ar Fedi 22, 1838, yn Eglwys y Plwyf, Trawsfynydd. Brodor o Drawsfynydd oedd Lewis Evans. Enw'i dad oedd Evan William(s) ac ar un ystyr bu Evansiaid Yr Ysgwrn yn arddel cyfenw anghywir. Enw cyntaf ei dad oedd y cyfenw a roddwyd i Lewis Evans: aeth Lewis Evan neu Lewis ab Ifan yn Lewis Evans, a rhwng y ddau hyn y digwyddodd y trawsnewidiad o William(s) i Evans.

CHAPTER 1

The Growth of a Poet

On November 16, 1886, Evan Evans, the son of a farmer, Lewis Evans, married Mary Morris, a maidservant, at Gilgal Chapel, Maentwrog, Merionethshire. Evan Evans was older than his bride by about ten years. Two months or so after the wedding, on January 13, 1887, Mary Evans gave birth to their first-born child, a son. He was named Ellis Humphrey Evans, but would eventually become known throughout the whole of Wales by his bardic name, Hedd Wyn.

Mary Evans was the daughter of David and Catherine Morris from Pen-lan, a house situated in the middle of the small village of Trawsfynydd in Merionethshire, and it was there, at her parents' home, that her first child was born. Ellis spent the first four months of his life at his grandparents' home.

Evan Evans and his young bride Mary moved from Pen-lan to a farmhouse called Yr Ysgwrn, situated outside the village of Trawsfynydd, on the road leading from the village to the Prysor Valley. It was to this remote farmhouse of about 166 acres that Lewis Evans, Hedd Wyn's paternal grandfather, came to live and work with his wife, Mary Evans, in 1849. They were married, at the Parish Church of Trawsfynydd, on September 22, 1838. Lewis Evans was a native of Trawsfynydd. His father's name was Evan William(s), and it could be said that the Evans family of Yr Ysgwrn has assumed the wrong surname since the days of Hedd Wyn's grandfather. Lewis Evans was given his father's first name as a surname, and Lewis Evan or Lewis ab Ifan became Lewis Evans.

Pen-lan, Trawsfynydd. Cafodd Hedd Wyn ei eni yn y tŷ a nodir â chroes.

Pen-lan, Trawsfynydd. The house where Hedd Wyn was born is indicated by a cross.

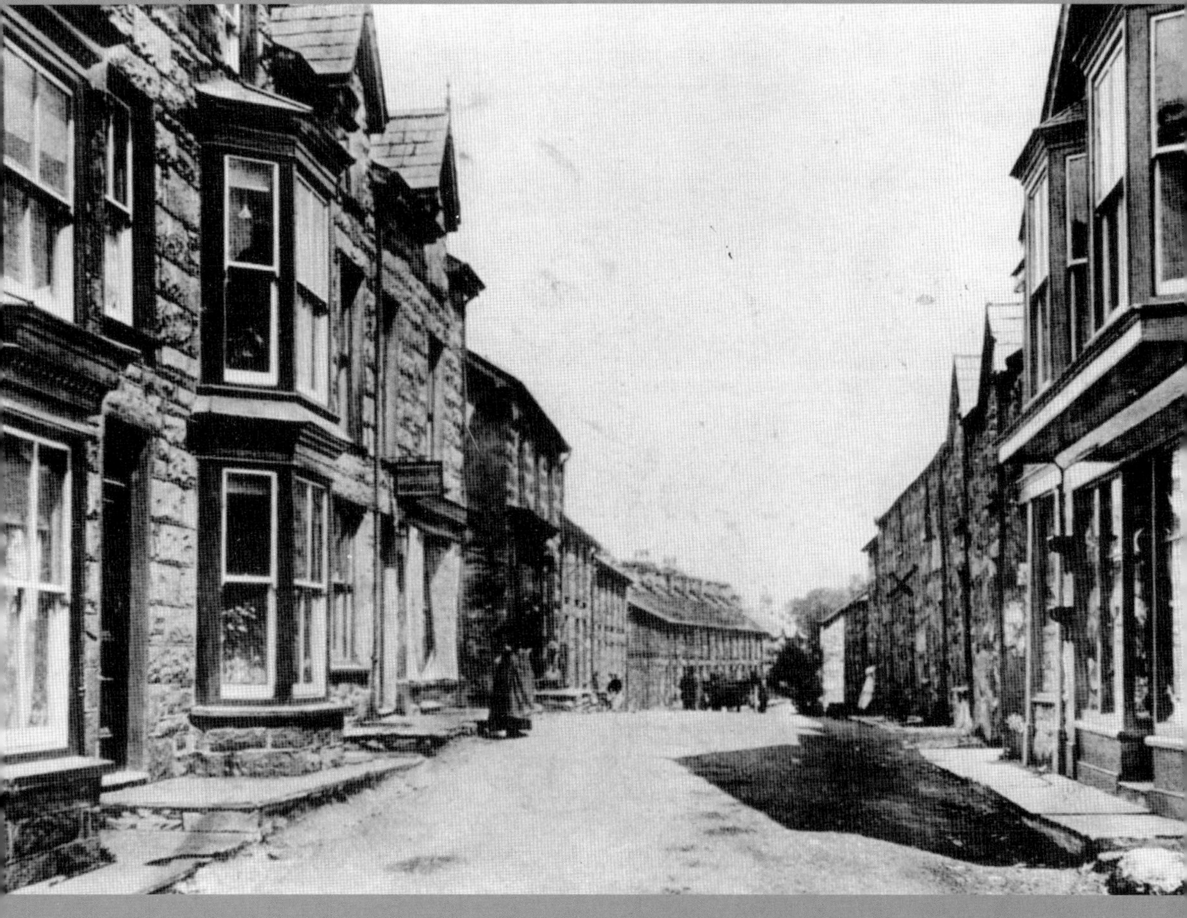

Evan a Mary Evans a'u plant. Yn sefyll yn y cefn, o'r chwith i'r dde: Hedd Wyn, Cati, Magi, Dafydd, Mary; yn y rhes flaen, o'r chwith i'r dde: Mary Evans, y fam, yn eistedd gydag Enid ar ei glin, Evan neu Ifan, Ann, Bob, ac Evan Evans, y tad.

Evan and Mary Evans and their children. Standing in the back, from left to right: Hedd Wyn, Cati, Magi, Dafydd, Mary; in the front, from left to right: Mary Evans, the mother, sitting with Enid on her lap, Evan or Ifan, Ann, Bob, and Evan Evans, the father.

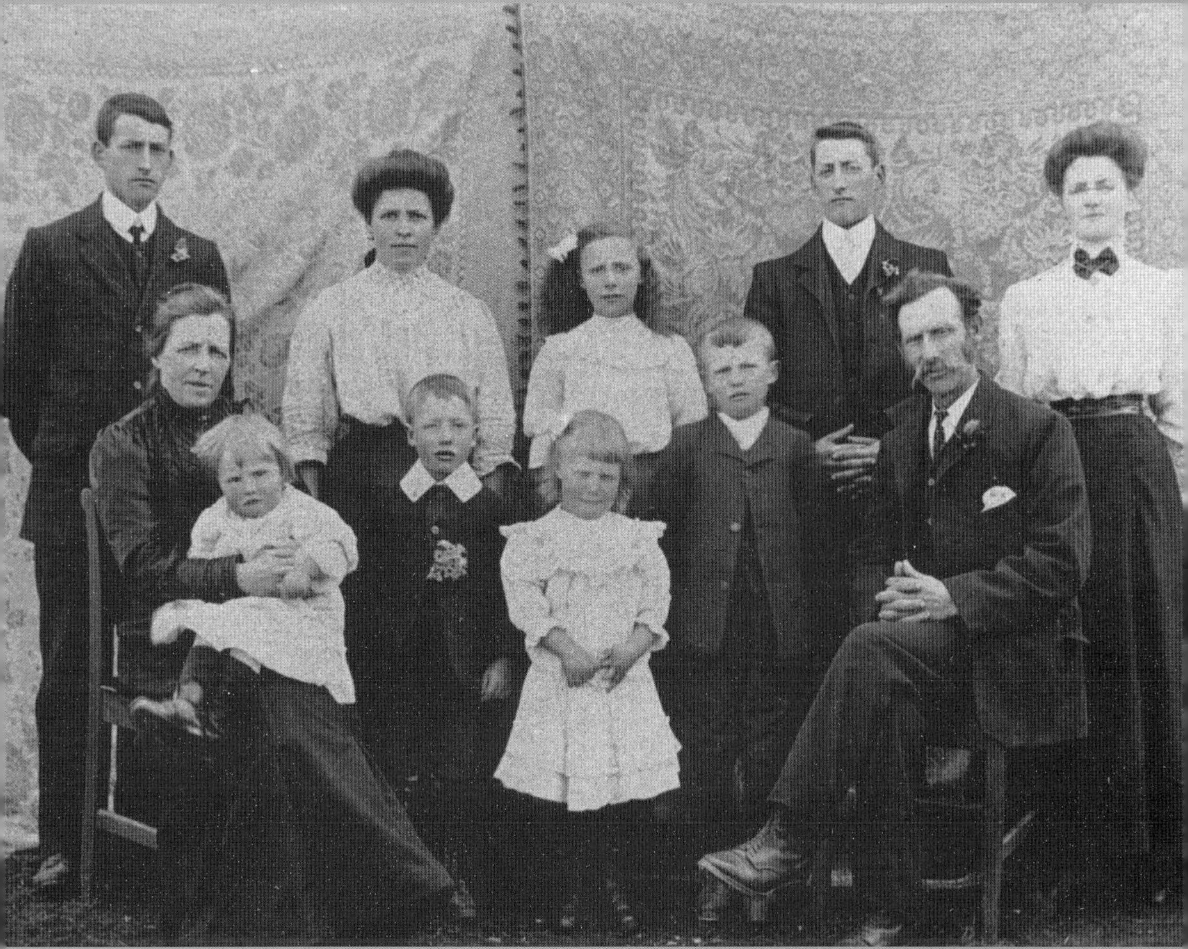

Hedd Wyn a'i chwaer Mary, llun a dynnwyd ar achlysur priodas ewythr iddynt, Ionawr 30, 1912, pan oedd Hedd Wyn yn 25 oed.

Hedd Wyn and his sister Mary, a photograph taken at an uncle's wedding, January 30, 1912, when Hedd Wyn was 25.

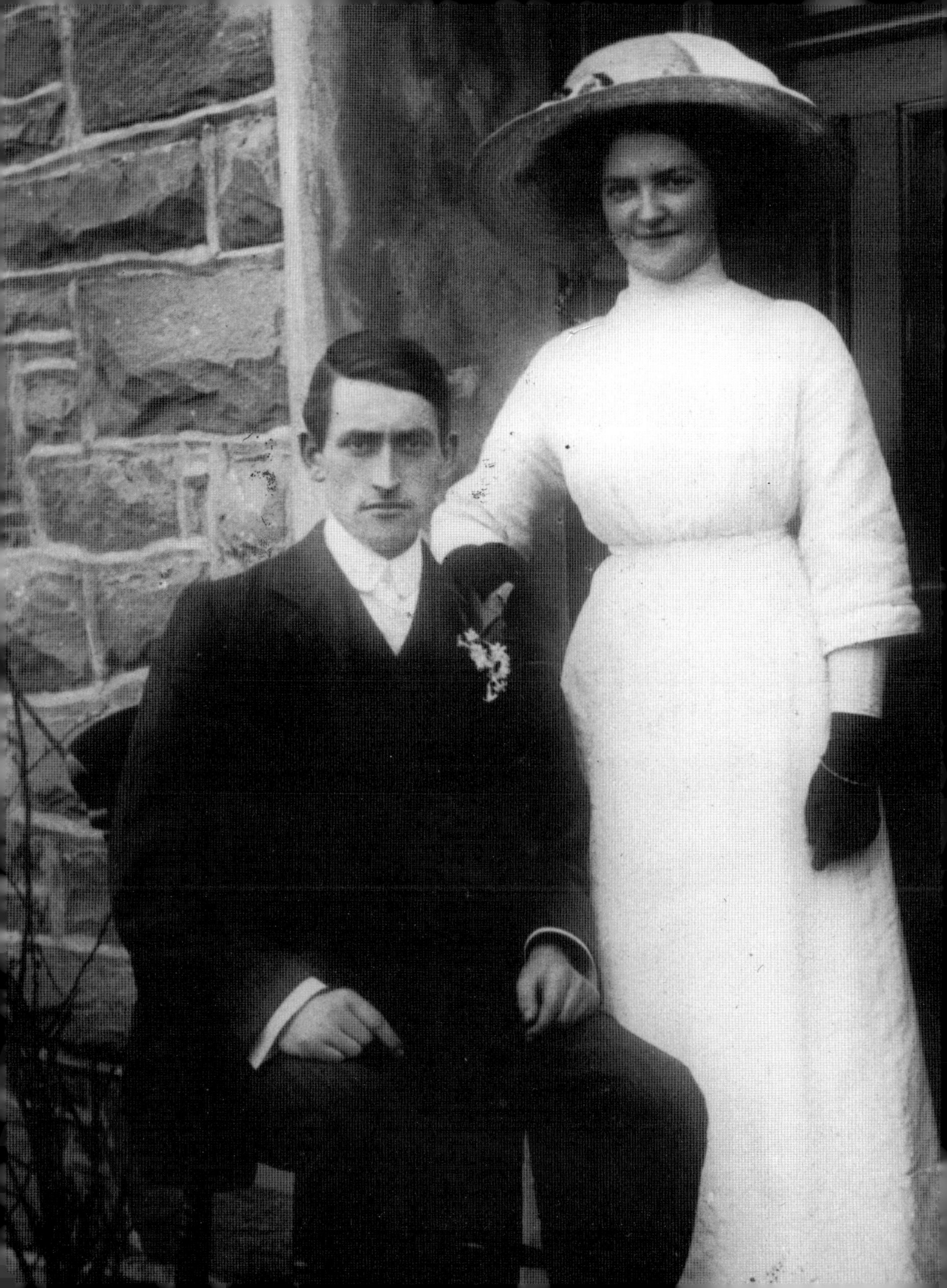

Mae'n debyg mai symud yn ôl i'r Ysgwrn i gynorthwyo'i dad oedrannus a wnaeth Evan Evans, yn enwedig am fod iechyd ei fam yn prysur dorri. Bu farw'i fam, Mary Evans, ar Fehefin 3, 1887, yn fuan iawn ar ôl i'r teulu o dri symud o Ben-lan i'r Ysgwrn. Bu farw Lewis Evans, taid Hedd Wyn, chwe blynedd yn ddiweddarach, ar Orffennaf 22, 1893, yn 83 oed. Yr Ysgwrn bellach oedd cartref Evan a Mary Evans, ac yma y ganed eu plant i gyd.

Magodd Evan a Mary Evans deulu lluosog iawn ar aelwyd Yr Ysgwrn. Yr agosaf at Hedd Wyn oedd David, neu Dafydd fel y câi ei alw gan bawb, a aned ar Fai 25, 1888. Bu farw Dafydd ym 1918 yn Seland Newydd, o'r ffliw a ysgubodd drwy'r byd ym mlwyddyn olaf y Rhyfel Mawr. Roedd wedi ymfudo i Seland Newydd i weithio yno rai blynyddoedd ynghynt. Ganed Mary ar Fehefin 15, 1889; Kate neu Cati ar Ebrill 8, 1891; Llywelyn Lewis Evans ar Hydref 10, 1892; wedyn merch arall, Sarah Ann, ar Ebrill 23, 1894; Maggie neu Magi ar Fai 4, 1895; Robert Llywelyn, sef Bob, ar Dachwedd 24, 1898; Evan Morris ar Fehefin 30, 1901; Ann ar Ragfyr 10, 1903, ac, yn olaf, Enid, ar Chwefror 10, 1907.

Cyn colli eu meibion hynaf ym 1917 a 1918, roedd Evan a Mary Evans eisoes wedi derbyn mwy na'u cyfran o alar a phoen hyn o fyd. Bu farw Llywelyn Lewis Evans a Sarah Ann Evans o fewn deuddydd i'w gilydd, y bachgen ar Awst 31, 1887, yn bump oed, a'r eneth ar Fedi 2, yr un flwyddyn, yn dair oed. Claddwyd y ddau blentyn ar yr un dydd ym mynwent Penystryd, Trawsfynydd. Rhoddodd Mary Evans enedigaeth hefyd i ddau

Evan Evans probably moved back to Yr Ysgwrn to help his ageing father, especially as his mother's health was rapidly deteriorating. His mother, Mary Evans, died on June 3, 1887, soon after the family of three moved from Pen-lan to Yr Ysgwrn. Lewis Evans, Hedd Wyn's grandfather, died six years later on July 22, 1893, aged 83. Yr Ysgwrn was now the permanent home of Evan and Mary Evans, and it was here that all their children were born.

Evan and Mary Evans brought up a large family. After Hedd Wyn came David, or Dafydd as he was known, who was born on May 25, 1888. Dafydd died in 1918 in New Zealand, a victim of the influenza pandemic, known as the 'Spanish Flu', which swept through the world during the last year of the Great War. He had emigrated to New Zealand to work a few years prior to his death. Mary was born on June 15, 1889; Kate or Cati on April 8, 1891; Llywelyn Lewis Evans on October 10, 1892; then another daughter, Sarah Ann, on April 23, 1894; Maggie or Magi on May 4, 1895; Robert Llywelyn, known as Bob, on November 24, 1898; Evan Morris on June 30, 1901; Ann on December 10, 1903, and, last of all, Enid, who was born on February 10, 1907.

Before losing their eldest sons in 1917 and 1918, Evan and Mary Evans had already suffered more than their share of sorrow and bereavement. Llywelyn Lewis Evans and Sarah Ann Evans died within two days of each other, the boy on August 31, 1887, aged five, and the girl on September 2, aged three. They were both buried on the same day in the Penystryd cemetery in

blentyn marwanedig, ym 1896 a 1900. Nid rhyfedd felly mai dwyster a difrifoldeb oedd prif nodweddion y fam yn ôl rhai a oedd yn ei hadnabod, nodweddion a oedd yn perthyn i Hedd Wyn yn ogystal, mae'n debyg, er iddo hefyd etifeddu sirioldeb ei dad.

Bardd ar ei Dwf   Bywyd hunan-gynhaliol oedd bywyd ar fferm Yr Ysgwrn, a bywyd digon caled hefyd, yn enwedig gyda chymaint o gegau i'w bwydo. Gartref ar y fferm y treuliodd Hedd Wyn y rhan fwyaf helaeth o'i fywyd byr. Ychydig iawn o addysg a gawsai. Addysg 'fylchog' oedd honno, yn ôl William Morris, y bardd a'r gweinidog a oedd yn gyfaill iddo, oherwydd byddai Hedd Wyn yn colli dyddiau lawer o'r ysgol pan fyddai'r tywydd yn ddrwg, gan mor bell oedd Yr Ysgwrn oddi wrth y pentref. Dechreuodd fynychu'r ysgol ar Ragfyr 30, 1891, ar drothwy'i bump oed, ac ymadawodd â hi pan oedd yn 14 oed. Gartref ar y fferm y bu wedi hynny, yn helpu'i dad i amaethu'r Ysgwrn, er mai ffermwr a bugail di-lun oedd o. Unwaith yn unig y mentrodd o'i gynefin. Cymerodd yn ei ben fod modd gwneud bywoliaeth fras yng nglofeydd y De, ac ymunodd â'r minteioedd o Ogledd Cymru a oedd yn cyrchu'r De i chwilio am well byd. Yn un ar hugain oed, ac yn fuan ar ôl Nadolig 1908, aeth i Abercynon, i weithio yng Nglofa Abercynon mae'n amlwg, a bu'n lletya yn 46 Teras Glancynon, ond dim ond am ryw dri mis y bu yn Abercynon. Cofnododd ei hiraeth am Drawsfynydd mewn englyn:

Trawsfynydd. Mary Evans also gave birth to two stillborn babies in 1896 and 1900. It was no wonder then that the mother was described as being serious and solemn by many who knew her, traits which were, apparently, inherited by Hedd Wyn, although, by all accounts, he had also inherited his father's jovial nature.

Life on the farm was self-sufficient, but it was also a hard life, with so many mouths to feed. Hedd Wyn spent most of his short life at home. He received little formal education. His education was spasmodic according to his friend William Morris, the poet and minister of religion, because he was frequently absent from school when the weather was bad, as there was a substantial distance between the school and his home. He began attending school on December 30, 1891, when he was almost five, and left when he was 14. Once his schooldays were over, he stayed at home, helping his father to manage the farm. Only once did he leave home. When he was twenty one, soon after Christmas 1908, he went to Abercynon. He lodged at 46 Glancynon Terrace, Abercynon, which suggests that he worked at the Abercynon Colliery. Apparently he was under the misapprehension that there was a fortune to be made in the coalfields of South Wales. He soon became disillusioned, and after three or four months returned to Trawsfynydd. He wrote the following *englyn* (strict-metre four-line stanza) when he was in South Wales:

> Yn iraidd ŵr fe ddof ryw ddydd – adref
> I grwydro'r hen fröydd;
> Yn y *South* fy nghorffyn sydd
> A f'enaid yn Nhrawsfynydd.

Bardd ar ei Dwf

Byddai wrth ei fodd yn gofalu am y defaid allan ar y ffriddoedd, ond yn bennaf er mwyn cael hamdden i fyfyrio a barddoni. Câi bob llonydd a swcwr gan ei rieni i ddilyn ei lwybr ei hun. Weithiau, ond yn anaml, y byddai'n barddoni pan fyddai'r teulu o gwmpas; gan amlaf, ar ôl i weddill y teulu fynd i'w gwlâu y byddai wrthi, a barddoni wedyn drwy'r nos hyd at oriau mân y bore. Fe'i gwelwyd yn aml yn cysgu ar ei draed, a'i bapurau ar wasgar i gyd dros y bwrdd, yn gynnar iawn yn y bore, pan fyddai'r aelodau eraill o'r teulu yn dechrau codi. Byddai'r fam wedyn yn ei hel i'r gwely i gael ychydig o gwsg.

Er mor ddiarffordd oedd Yr Ysgwrn, roedd gan y teulu fywyd cymdeithasol llawn. Byddent yn mynd i'r capel yn gyson ddi-dor, i Ebenezer yn bennaf, ac i Benystryd ar achlysuron arbennig, er enghraifft, pan gynhelid cyrddau pregethu mawrion yno. Aent hefyd i'r gwahanol nosweithiau cymdeithasol a gynhelid gan y capeli, ac ar ben hynny, byddai pobl yn galw'n barhaus yn Yr Ysgwrn, cymdogion a pherthnasau, a beirdd hefyd erbyn y diwedd, fel yr ehangai Hedd Wyn ei gylch barddol o gyfeillion.

Ceir disgrifiad lliwgar, a dweud y lleiaf, o'i nodweddion allanol gan un o'i gyfeillion, Glyn Myfyr:

> One day I will eagerly return home
> > To roam the old places;
> > My body is in the South
> > And my soul in Trawsfynydd.

The Growth of a Poet

Hedd Wyn was an inept farmer and shepherd. He loved looking after the sheep out on the mountain pastures, but only because the solitude and silence gave him ample opportunity to meditate and to write poetry. He hardly ever wrote poetry when other members of the family were present, and had to wait for them to go to bed to have the necessary solitude and tranquility in which to write. He would write all night, and his mother or other members of the family often found him asleep at the table when they got up, early in the morning, his papers scattered all over the table. His mother would then send him to bed for a few hours of sleep.

The family had a full social life in spite of the fact that Yr Ysgwrn was so remote. They were ardent chapel-goers, attending Ebenezer Chapel mainly, and Penystryd Chapel in the village on important religious occasions. They also attended the many social evenings which were arranged by the chapels, and people were always calling at Yr Ysgwrn, neighbours and relations mostly, and eventually poets, as Hedd Wyn's circle of literary friends widened.

One of his friends, the poet Glyn Myfyr, left a colourful description, to say the least, of Hedd Wyn:

Bardd ar ei Dwf

Rhannai ei wallt toreithiog fwy neu lai yn annhrefnus, ei aeliau yn tueddu at fod yn drymion, ac yn taflu cysgod gwlad Hud dieithr dros ei lygaid annwyl; ei wefus uchaf yn eithriadol gul o'r ffroen i'r genau, yn fwy felly na neb ag y mae gennym gof sylwi arno; ei drwyn yn fain, ac fel yn gwyro ychydig at y rudd dde, a phan ymgomiai, yn arbennig os byddai'r ymgom a gwr feddai gyd-ymdeimlad a'i fyd, hawdd fyddai ganddo gymryd gafael yn ei drwyn, gan ei droi i'r cyfeiriad a nodwyd. Nid ydym yn abl i benderfynu ai trwy ddylanwad yr arferiad yr aethai yr aelod hwnnw i fesur mwy neu lai yn gam ... ymwisgai yn bur agos i fod yn aflêr fel un fuasai wedi ymddilladu mewn ffwdan.

Llanc cymharol eiddil ydoedd yn ei gorff, o daldra cyffredin, ychydig uwchlaw pum troedfedd; nid oedd iddo rymuster corff amaethwr, eithr yn hytrach eiddilwch corff yr efrydydd.

Yn ôl William Morris:

Nid oedd dim neilltuol yn yr olwg allanol arno. Gellid ei basio ar y stryd a thybied mai'r gwas ffarm distadlaf yn y wlad ydoedd. Ond pe siaredid gydag ef, yn enwedig pe llithrai'r sgwrs at farddoniaeth, gwelid yn y man fod ysbryd anghyffredin yn syllu trwy'r llygaid gleision aflonydd rheinny. Hedd Wyn oedd y mwyaf diymhongar a difalais a gyfarfûm erioed; ac eto goris ei symlrwydd a'i

His thick hair was more or less untidily parted, his eyebrows rather heavy, and casting the shadow of a strange, enchanted land over his beloved eyes; his upper lip was extremely thin from his nostril to his mouth, and we can't recall noticing anyone with such a thin lip as his; he had a thin nose, its tip angling slightly towards the right cheek, and when he spoke, especially if conversing with someone who shared his interests, he would instinctively get hold of his nose, and twist it in the above mentioned direction. We are unable to decide whether or not it was the effect of this habit that made this member more or less crooked … he was almost unkempt in his outward appearance, like someone who had got dressed in a hurry.

Physically he appeared rather delicate, and was of average height, slightly above five feet; he did not possess the strong body of a farmer but rather the fragile body of a student.

According to William Morris:

There was nothing exceptional about his outward appearance. One could easily pass him by on the street and mistake him for an ordinary farmhand. But when conversing with him, especially if the conversation turned to poetry, one soon realised that a very rare spirit stared through those lively blue eyes. Hedd Wyn was the most unassuming and most decent person I have ever

naturioldeb yr oedd rhyw feiddgarwch rhyfedd yn llechu fel y graig o dan y grug.

Pymtheg oed oedd Hedd Wyn pan aeth J. D. Richards i weinidogaethu yn y cylch, yn olynydd i J. Dyfnallt Owen. Ymadawodd Dyfnallt â'r cylch ym 1902, a rhwng 1903 a 1917 bu J. D. Richards yn fugail ar gapeli Ebenezer, Jerusalem a Phenystryd. Yr oedd J. D. Richards yn aelod pwysig o'r cylch barddol lleol y byddai Hedd Wyn yn ymdroi ynddo, a daeth y ddau yn gyfeillion.

Prynodd Evan Evans *Yr Ysgol Farddol*, Dafydd Morganwg, i'w fab, pan oedd Hedd Wyn yn un ar ddeg oed. Aeth Hedd Wyn ati gydag angerdd a brwdfrydedd i'w ddarllen a'i feistroli. Lluniodd ei englyn cyntaf cyn cyrraedd ei ddeuddeg oed, ac yn fuan iawn ar ôl iddo lunio'r englyn cyntaf hwnnw, dechreuodd gystadlu yn yr eisteddfodau lleol. Enillodd ei wobr gyntaf mewn cyfarfod llenyddol yng Nghapel Ebenezer, Trawsfynydd, pan oedd yn ddeuddeg oed.

Enillodd Hedd Wyn ei gadair gyntaf yn Y Bala, a hynny adeg y Llungwyn, 1907, gyda J. Dyfnallt Owen yn beirniadu. Ar ôl y fuddugoliaeth gyntaf hon, bu'n cystadlu'n gyson mewn eisteddfodau a chyfarfodydd llenyddol lleol, ond heb fawr o lwyddiant. Cyfnod o fwrw prentisiaeth oedd hwn yn ei hanes, a bu'n rhaid iddo aros am chwe blynedd cyn ennill ei ail gadair, ond roedd pob cystadleuaeth, trwy brofiad a chynnydd, yn ei dynnu'n nes at gadair yr Eisteddfod Genedlaethol, a'i hennill hi oedd ei nod mawr mewn bywyd.

known; and yet, beneath his simple and natural external appearance, a strange audacity was concealed, like the rock beneath the heather.

Hedd Wyn was 15 years old when J. D. Richards succeeded J. Dyfnallt Owen as the local minister. Dyfnallt left the Trawsfynydd area in 1902, and between 1903 and 1917, J. D. Richards was appointed minister of three local chapels, Ebenezer, Jerusalem and Penystryd. J. D. Richards was an important member of Hedd Wyn's circle of acquaintances, and he was also one of his closest friends.

Evan Evans bought his son a book on the rules of strict-metre Welsh verse, *Yr Ysgol Farddol* by Dafydd Morganwg, when Hedd Wyn was eleven years old. He read the book with passion and enthusiasm, and soon mastered the difficult rules of strict-metre verse. He wrote his first ever *englyn* before his twelfth birthday, and soon after, he began competing at local eisteddfodau. He won his first prize at a literary meeting held at Ebenezer Chapel, Trawsfynydd, when he was 12 years old.

Hedd Wyn won his first chair at the Bala eisteddfod, Merionethshire, during the Whitsun period of 1907. The adjudicator was J. Dyfnallt Owen. After this first triumph, he frequently competed at local eisteddfodau and literary meetings, but without much success. This was his apprenticeship period, and he had to wait six years before winning his second chair, although every competition, through practice and progress, was a step nearer to winning the chair of the National Eisteddfod, his great ambition in life.

Bardd ar ei Dwf

Roedd Hedd Wyn yn prysur ennill enw iddo'i hun fel bardd dawnus ac addawol yn ystod y blynyddoedd hyn o gystadlu, ond, hyd at fis Awst 1910, Ellis Evans Yr Ysgwrn oedd y bardd ifanc addawol hwn, nid Hedd Wyn. Bryfdir (Humphrey Jones), bardd ac eisteddfodwr o Flaenau Ffestiniog, a roddodd i'r Ellis ifanc ei enw barddol, yn ôl pob tystiolaeth. Ar Awst 20, 1910, bwriadai nifer o feirdd o gylch Ffestiniog gynnal gorsedd ac arwest farddonol ar lan Llyn y Morynion yng Nghwm Cynfal ym Meirionnydd. Oherwydd tywydd anffafriol bu'n rhaid cynnal yr arwest yn Neuadd y Dref, Blaenau Ffestiniog, ond llwyddwyd i gynnal yr orsedd ar fin y llyn. Cyflwynwyd nifer o feirdd gerbron Bardd yr Orsedd, Bryfdir, i dderbyn graddau, ac un o'r rhain oedd Ellis Humphrey Evans, a gafodd yr enw barddol Hedd Wyn ganddo. Roedd gan Bryfdir gof byw am yr achlysur:

Hyfryd oedd gweld cynifer wedi dringo i gynefin haul ac awel, ac yn mwynhau'r ddefod ar fin y llyn. Ymhlith y rhai ddaethant i geisio Urdd Bardd yr oedd mab yr Ysgwrn … Trem y breuddwydiwr oedd iddo, a symudai yn araf a digyffro. Wedi i ni awgrymu "Hedd Wyn" fel ei enw barddol, a gofyn os oedd yntau yn cytuno, ymdaenodd gwên onest dros ei wyneb, er na ddywedodd air. Cafodd ei urddo yn y coleg lle yr enillodd ei radd, sef Coleg Anian; ac mae gwaith yr Arwest eiddil wedi ei gadarnhau gan genedl gyfan.

Gradually, Hedd Wyn was establishing himself as a talented and promising poet during these years of competing at local eisteddfodau, but, prior to August 1910, this young promising poet was known only by his real name, Ellis Evans of Yr Ysgwrn, not Hedd Wyn. Apparently, it was the local poet and popular eisteddfod compère Bryfdir (Humphrey Jones), from Blaenau Ffestiniog, who gave the young Ellis his bardic name Hedd Wyn, 'hedd' meaning peace and 'gwyn' meaning white or holy. On August 20, 1910, several poets from the Ffestiniog area intended holding a *gorsedd* ceremony and a bardic gathering on the shores of a lake known as Llyn y Morynion (The Lake of the Maidens) in the Cynfal valley in Merioneth. Because the weather was unfavourable, the gathering had to be held inside the Blaenau Ffestiniog Town Hall, but the *gorsedd* ceremony was held at the lakeside. Several poets were presented to Bryfdir, the *Gorsedd* Poet, to receive bardic degrees, Ellis Humphrey Evans amongst them. Bryfdir gave him 'Hedd Wyn' as his bardic name, and vividly recalled the occasion many years later:

> It was pleasant to see that so many had climbed up to the home of the sun and the breeze, and were enjoying the ceremony at the lakeside. Amongst those who came to have bardic degrees bestowed upon them was the son of Yr Ysgwrn ... He had the appearance of a dreamer, and he moved slowly and calmly. After we suggested "Hedd Wyn" as his bardic name, and asked him if he accepted the name, an honest smile spread across his

Bardd ar ei Dwf

Bryfdir ei hun oedd y 'ni' a awgrymodd Hedd Wyn fel enw barddol i'r Ellis ifanc, ac eto y mae dirgelwch yn perthyn i'r mater hwn o roi i Hedd Wyn ei enw barddol. Defnyddiwyd y ffugenw *Hedd Wyn* gan rywun yng nghystadleuaeth yr englyn yng Nghyfarfod Llenyddol Trawsfynydd a gynhaliwyd ar Fedi 18, 1909, bron i flwyddyn gyfan cyn cynnal gorsedd ac arwest Llyn y Morynion. Testun yr englyn oedd 'Y Belen (Shell)', gydag R. Silyn Roberts yn beirniadu. Gosodwyd englyn *Hedd Wyn* yn yr ail ddosbarth. Ai Hedd Wyn oedd yr *Hedd Wyn* hwn? Os felly, sut mai Bryfdir a awgrymodd yr enw iddo? A welodd Bryfdir y ffugenw yn *Y Rhedegydd*, lle y cyhoeddwyd beirniadaeth Silyn? Neu ai Hedd Wyn ei hun oedd yr *Hedd Wyn* hwn yn y gystadleuaeth, ac iddo awgrymu i Bryfdir y gwnâi enw barddol addas? Ni ellir ond dyfalu.

Un arall o'i gyfeillion barddol agos, a gŵr a roddodd lawer o gefnogaeth a chymorth iddo, oedd William Morris. Un o blant Y Manod, Blaenau Ffestiniog, oedd William Morris, lle y cafodd ei eni ar Dachwedd 17, 1889, ac felly yr oedd yn iau na Hedd Wyn o ryw ddwy flynedd. Mae'n debyg mai tua 1913 y dechreuodd ddod i adnabod Hedd Wyn yn dda, pan oedd ar fin mynd yn fyfyriwr i Goleg Diwinyddol Y Bala, a bu cyfeillgarwch mawr rhyngddynt hyd nes yr aeth William Morris i weinidogaethu yn Sir Fôn.

Câi ei hudo gan bobl addysgedig, er y byddai'n teimlo'n swil o annigonol ac anghyflawn ac yn ddiymadferth o israddol yn eu cwmni. Gweinidog a bardd arall a oedd yn gyfaill iddo

face, although he didn't utter a word. He was honoured in the college where he won his degree, the College of Nature, and that insignificant little gathering has since then achieved national importance.

Bryfdir himself was the 'we' who suggested Hedd Wyn as a bardic name for the young Ellis, and yet, there is some doubt as to the origin of his bardic name. The pseudonym *Hedd Wyn* was used by a competitor in an *englyn* competition at a Trawsfynydd literary meeting held on September 18, 1909, almost a year before the *gorsedd* meeting and the bardic gathering were held. The subject of the *englyn* was 'The Shell', and the adjudicator was R. Silyn Roberts. The *englyn* bearing the pseudonym *Hedd Wyn* was not one of the best in the competition. Was this competitor Hedd Wyn himself? If so, how did Bryfdir give him his name? Did Bryfdir see the pseudonym in *Y Rhedegydd*, where Silyn's adjudication was published? Or was the competitor Hedd Wyn himself, and did he suggest to Bryfdir that Hedd Wyn would make an appropriate bardic name? We can only surmise.

Another literary friend, and one who encouraged and assisted him greatly, was William Morris. William Morris, a native of Y Manod, Blaenau Ffestiniog, was born on November 17, 1889, and was therefore two years younger than Hedd Wyn. It was probably in 1913 that he and Hedd Wyn became close friends, when William Morris was about to enrol as a student at the Bala Theological College, and this close friendship lasted until William Morris went to Anglesey to work as a minister.

Bardd ar ei Dwf

oedd Silyn, R. Silyn Roberts (1871-1930). Symudodd Silyn o Lewisham, Llundain, i Danygrisiau yn ardal Ffestiniog ym 1905, i dderbyn galwad i weinidogaethu Eglwys Bethel, Tanygrisiau, a thri chapel yn y cylch. Bu Silyn yn beirniadu llawer yn adrannau llên a barddoniaeth y mân eisteddfodau a'r cyfarfodydd cystadleuol a gynhelid yng nghylchoedd Ffestiniog a Thrawsfynydd, ac anochel oedd iddo ddod i gysylltiad â Hedd Wyn. Yn wir, cymerodd at Hedd Wyn yn fawr, ac er iddo ymadael â Thanygrisiau ym 1913 am Gaerdydd, gwnaeth Silyn fwy na neb i sicrhau coffâd teilwng i Hedd Wyn ar ôl ei farwolaeth. Pan aeth i Danygrisiau, roedd Silyn eisoes yn brifardd coronog, enillydd Coron Eisteddfod Genedlaethol Llundain ym 1902, am ei bryddest 'Trystan ac Esyllt'. Arferai Hedd Wyn a Silyn bysgota yng nghwmni'i gilydd ac efallai mai dylanwad Silyn arno a droes Hedd Wyn 'yn Sosialydd pur groew ei gyffes', chwedl J. D. Richards amdano. Ac roedd Hedd Wyn yn gyfeillgar â llawer o feirdd lleol yn ogystal.

Enillodd Hedd Wyn ei ail gadair yn Eisteddfod Llanuwchllyn, yn ymyl Y Bala, Penllyn, ym 1913, ac yn yr un flwyddyn enillodd gadair Eisteddfod Gŵyl y Banc, Pwllheli, ym Mhenrhyn Llŷn. Erbyn hyn roedd yn dechrau dod yn enw adnabyddus yng nghylchoedd llenyddol y dydd, ac enillodd sawl gwobr yng nghystadleuaeth yr englyn a mân gystadlaethau eraill mewn eisteddfodau. Un o'i englynion gorau yw 'Haul ar Fynydd', gyda'i feistrolaeth ar y gynghanedd, ei ansoddeiriau dewinol a'i ddelwedd drawiadol:

He was always attracted to educated people, although he felt shy and inadequate, and inferior, in their company. He also befriended another poet and minister, R. Silyn Roberts (1871-1930). Silyn moved from Lewisham in London to Tanygrisiau in the Ffestiniog area in 1905, on being appointed minister of Bethel Calvinist Methodist Chapel, Tanygrisiau, and three other chapels in the vicinity. Silyn often adjudicated at the small local eisteddodau and literary meetings which were held in the Ffestiniog and Trawsfynydd area, and it was inevitable that he should come into contact with Hedd Wyn. Indeed, he became very fond of Hedd Wyn, and, despite the fact that he left Tanygrisiau for Cardiff in 1913, he did more than anyone to ensure that Hedd Wyn would be worthily commemorated after his death. When he went to Tanygrisiau, Silyn was already a crowned poet, having won the crown at the London National Eisteddfod in 1902, for his poem 'Trystan ac Esyllt' (Tristan and Isolde). Hedd Wyn and Silyn, who was a committed socialist, often went fishing together, and it was probably due to Silyn's influence that Hedd Wyn became 'a socialist of true conviction', according to J.D. Richards. Hedd Wyn was also friendly with many local poets.

Hedd Wyn won his second chair at the Llanuwchllyn Eisteddfod, near Bala, in 1913, and he also won the chair at the Pwllheli Bank Holiday Eisteddfod, in the Lleyn Peninsula, in the same year. By now he was becoming well-known in the literary circles of his day, and he won several prizes in lesser competitions at local eisteddfodau. One of his best *englynion*

> Cerddais fin pêr aberoedd – yn nhwrf swil,
> Nerfus wynt y ffriddoedd,
> A braich wen yr heulwen oedd
> Am hen wddw'r mynyddoedd.

Bardd ar ei Dwf

Er ei fod o ddifri gyda barddoniaeth, ac er bod ennill Cadair yr Eisteddfod Genedlaethol yn uchelgais ysol ganddo, nid difrifwch amcan oedd popeth. Bechgyn cyffredin Trawsfynydd a'r cyffiniau oedd llawer o'i gyfeillion. Câi lawer o hwyl yn eu cwmni, yn enwedig yn nhafarnau'r cylch, ac mae sawl enghraifft o'i ddireidi a'i hiwmor wedi goroesi. Ni châi gyflog gan ei rieni am gynorthwyo ar y fferm, dim ond cael ei le yn rhad ac am ddim, ac roedd y gwobrau ariannol a gynigid gan yr eisteddfodau yn bres poced derbyniol iddo. Enillodd gystadleuaeth yr englyn yn un o eisteddfodau Llan Ffestiniog ym 1913. Testun yr englyn oedd 'Y Moelwyn', un o fynyddoedd Eryri, a gwariodd Hedd Wyn y tri swllt a enillodd i gyd ar gwrw iddo ef a'i gyfeillion. 'Rydan ni wedi gwneud camp go fawr heno. Rydan ni wedi llyncu'r Moelwyn mewn hanner awr,' meddai. Dro arall enillodd wobr am lunio pennill er cof am ryw flaenor Methodistaidd, a gwariodd bob ceiniog o arian y wobr ar gwrw. Gwelodd gweinidog y bardd yn cerdded yn simsan allan o dafarn, a rhoddodd gerydd iddo. 'Dyma gyflwr ofnadwy i fod ynddo fo. Be' sgynnoch chi i ddeud drosoch eich hun?' Ac atebodd Hedd Wyn, fel ergyd o wn: 'F'aswn i ddim yn y cyflwr yma oni bai fod rhyw flaenor Methodist wedi marw!' Pan oedd yn beirniadu cystadleuaeth llunio penillion

is 'The Sun on the Mountain', with its mastery of *cynghanedd* in the original, its glowing adjectives and its striking imagery:

> I strolled near melodious streams – as the shy,
> Nervous wind blew through pastures,
> And the sunlight's white arm embraced
> The old neck of the mountains.

Although he took poetry seriously, setting his sights early in his growth on the chair at the National Eisteddfod, not everything was taken seriously. Many of his friends were ordinary local lads, and several examples of his mischievous behaviour and his humour have survived. His parents never paid him for assisting on the farm, and the prize-money offered by various eisteddfodau came in useful as pocket-money. He won the *englyn* competition at a Llan Ffestiniog eisteddfod in 1913. The subject of the *englyn* was 'The Moelwyn', a mountain in Snowdonia, and Hedd Wyn spent the three shillings he had won on beer for himself and his friends, saying: 'We have performed a great feat tonight. We have swallowed the Moelwyn in half an hour!' On another occasion he won first prize for a poem in memory of a Methodist deacon, and he spent every penny of the prize-money on beer. A minister saw the poet tottering out of a public house, deep in his cups, and reproached him: 'What a disgraceful state to be in. What have you got to say for yourself?' And Hedd Wyn retorted, drunk as he was: 'I wouldn't be in this state if some Methodist deacon hadn't died!' When

yn un o gyfarfodydd llenyddol Trawsfynydd un tro, a neb wedi cystadlu, trefnodd gydag un o'i gyfeillion agosaf, Morris Davies, y byddai'n llunio penillion ar ei ran ac yn ei wobrwyo, fel y gallai'r ddau rannu'r wobr o bum swllt a gwario'r arian ar gwrw!

Ac yntau'n llanc sengl diofal, roedd ganddo ddigon o amser i ganlyn ambell ferch hefyd. Bu farw un o'i gariadon, Lizzie Roberts, yn 32 oed, o'r diciâu, ym mis Mehefin 1916, a lluniodd Hedd Wyn gerdd ac englyn er cof amdani. Dyma'r englyn:

>   Gwyrodd yn ei hoed hawddgaraf – i'r bedd
>   A'r byd ar ei dlysaf;
>   O'i hôl hi, trwy'r awel haf,
>   Alawon hiraeth glywaf.

Un arall a gafodd englyn ganddo oedd merch o'r enw Mary Catherine Hughes, merch o Drawsfynydd yn wreiddiol, ond o Gellilydan yn ddiweddarach. Cafodd ei geni ar Fawrth 23, 1897, ac felly roedd hi'n iau na Hedd Wyn o flynyddoedd. Cafodd ei phenodi yn athrawes anhyfforddedig yn yr ysgol bentref, dan oruchwyliaeth y prifathro, J. R. Jones, ar Fedi 11, 1914, a dechreuodd ddysgu yno bedwar diwrnod yn ddiweddarach. Roedd Mary Catherine Hughes yn athrawes ar Enid, a hi a gariai lythyrau caru'r ddau o'r naill i'r llall. Dyma'r englyn cellweirus a luniodd Hedd Wyn iddi:

Bardd ar ei Dwf

he was adjudicating a poetry competition at a literary meeting in Trawsfynydd once, and no one had competed, he arranged with one of his closest friends, Morris Davies, to write a poem on his behalf, submit it in his name to the competition, and then award him first prize, so that they could share the prize-money of five shillings and spend it on beer!

Being single, and carefree, he spent much of his time in the company of women. One of his girlfriends, Lizzie Roberts, died of tuberculosis when she was 32, in June 1916, and Hedd Wyn wrote a poem and an *englyn* in her memory. This is the *englyn*:

> She bowed down in the prime of her life to the grave
>   When the world was in beauty,
>   And now, through the summer breeze,
>   I hear the song of longing.

He also wrote an *englyn* to Mary Catherine Hughes, who originally came from Trawsfynydd, but who afterwards lived at nearby Gellilydan. She was born on March 23, 1897, and was much younger than Hedd Wyn. She was appointed as a pupil teacher in the local village school, under the supervision of the headmaster, J. R. Jones, on September 11, 1914, and she began teaching there four days later. Mary Catherine Hughes taught Enid, Hedd Wyn's youngest sister, who acted as a go-between for them, carrying letters from one to the other. Hedd Wyn wrote the following light-veined *englyn* to her:

> Siriol athrawes eirian, – garedig
>   Ei rhodiad ym mhobman:
> Un gywrain, lwys gura'n lân
> Holl *ladies* Gellilydan.

Bardd ar ei Dwf

Ei wir gariad, yn anad yr un o'r lleill, oedd merch o'r enw Jennie neu Jini Owen. Ganed Jini Owen ar Awst 7, 1890. Merch amddifad ydoedd, a fagwyd gan berthnasau iddi o'r enw Harry a Sarah Williams, ym Mhant Llwyd, Llan Ffestiniog. Ei rhieni oedd William ac Elizabeth Owen. Ar y trên o Flaenau Ffestiniog y cyfarfu'r ddau â'i gilydd, a hynny ar ryw nos Sadwrn ym mlwyddyn gyntaf y Rhyfel Mawr. Derbyniodd Jini lythyr oddi wrth y bardd ddechrau'r wythnos ganlynol, ac ynddo rigwm a ddiweddai fel hyn:

Wedi cael atebiad gennych
Llawer gobaith ynof gwyd
Wrth im feddwl am gyfarfod
Â Miss Owen o Bantllwyd.

Cafodd Hedd Wyn ateb cadarnhaol ganddi, a dyna ddechrau ar y garwriaeth bwysicaf o'r cyfan iddo. Ac eto, anodd gwybod pa mor ddifrifol oedd y carwriaethau hyn yn ei olwg. Roedd yn ymhél â Mary Catherine Hughes yn ystod yr un blynyddoedd ag y bu'n canlyn Jini Owen. Gwyddom y byddai Jini Owen bob hyn

> A cheerful, beautiful teacher who spreads
>   Her kindness everywhere;
>   And in beauty she outshines
>   All the ladies of Gellilydan.

But his real sweetheart was Jennie or Jini Owen. Jini Owen, born on August 7, 1890, was an orphan who was brought up by relations, Harry and Sarah Williams, of Pant Llwyd, Llan Ffestiniog. Her parents were William and Elizabeth Owen. Hedd Wyn and Jini met on the Blaenau Ffestiniog train one Saturday night in the first year of the Great War. At the beginning of the following week, Jini received a letter from Hedd Wyn in which was enclosed a simple poem, asking her to meet him. This was the final stanza:

> After having your reply
> I will be so full of hope
> As I contemplate meeting
> Miss Owen from Pantllwyd.

She accepted and that was the beginning of the most important relationship of all his other relationships with women. And yet, it is difficult to say how important these relationships were to him. He was courting Mary Catherine Hughes and Jini Owen at the same time. Every now and then Jini would threaten to sever all connections with him unless he drank in

Y Parchedig J. D. Richards, gweinidog Hedd Wyn.

The Reverend J. D. Richards, Hedd Wyn's minister.

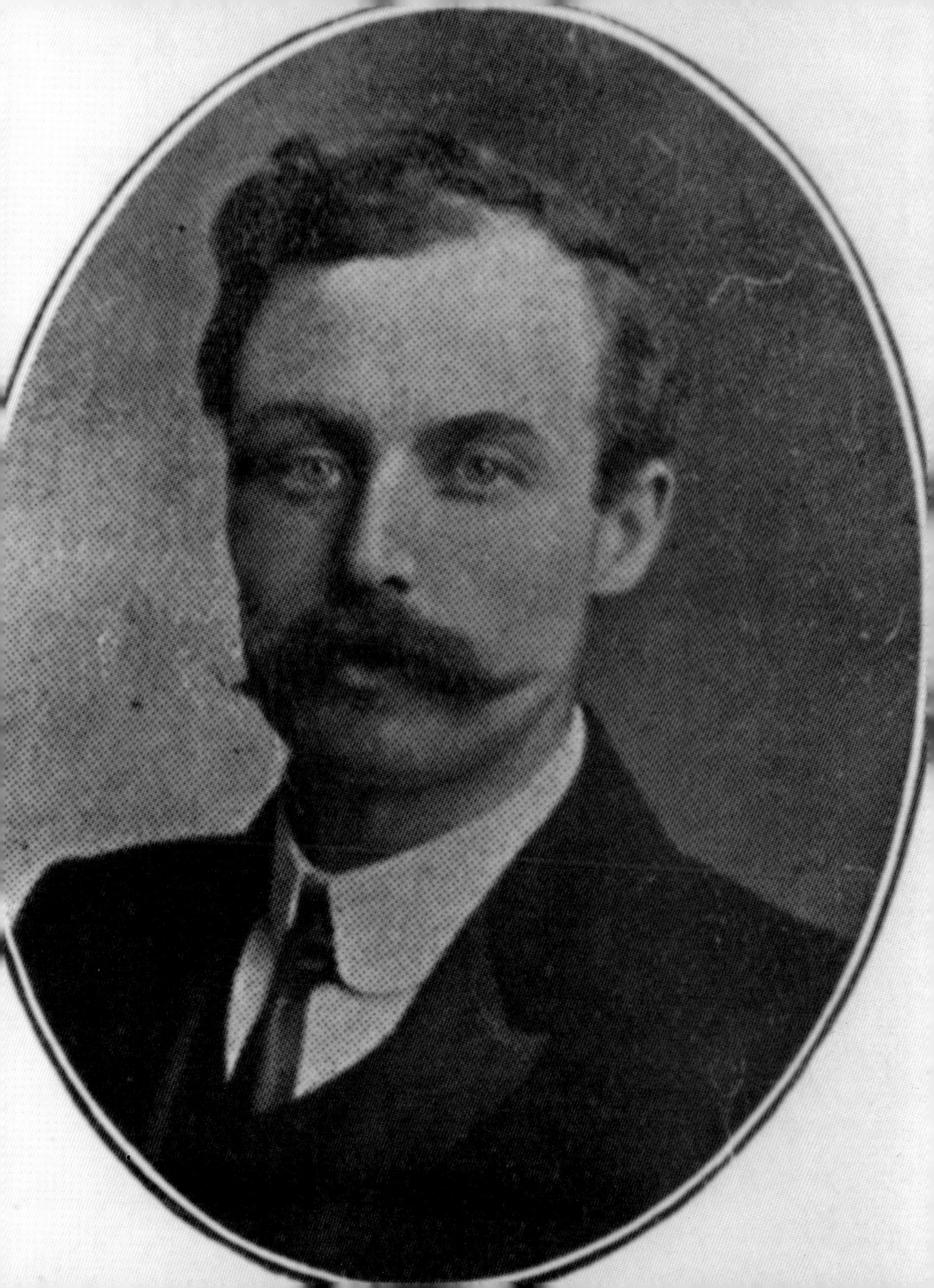

| Cadeiriau Hedd Wyn yn Yr Ysgwrn, gyda'r Gadair Ddu yn y canol. | Hedd Wyn's chairs, in Yr Ysgwrn, with the Black Chair situated in the middle. |

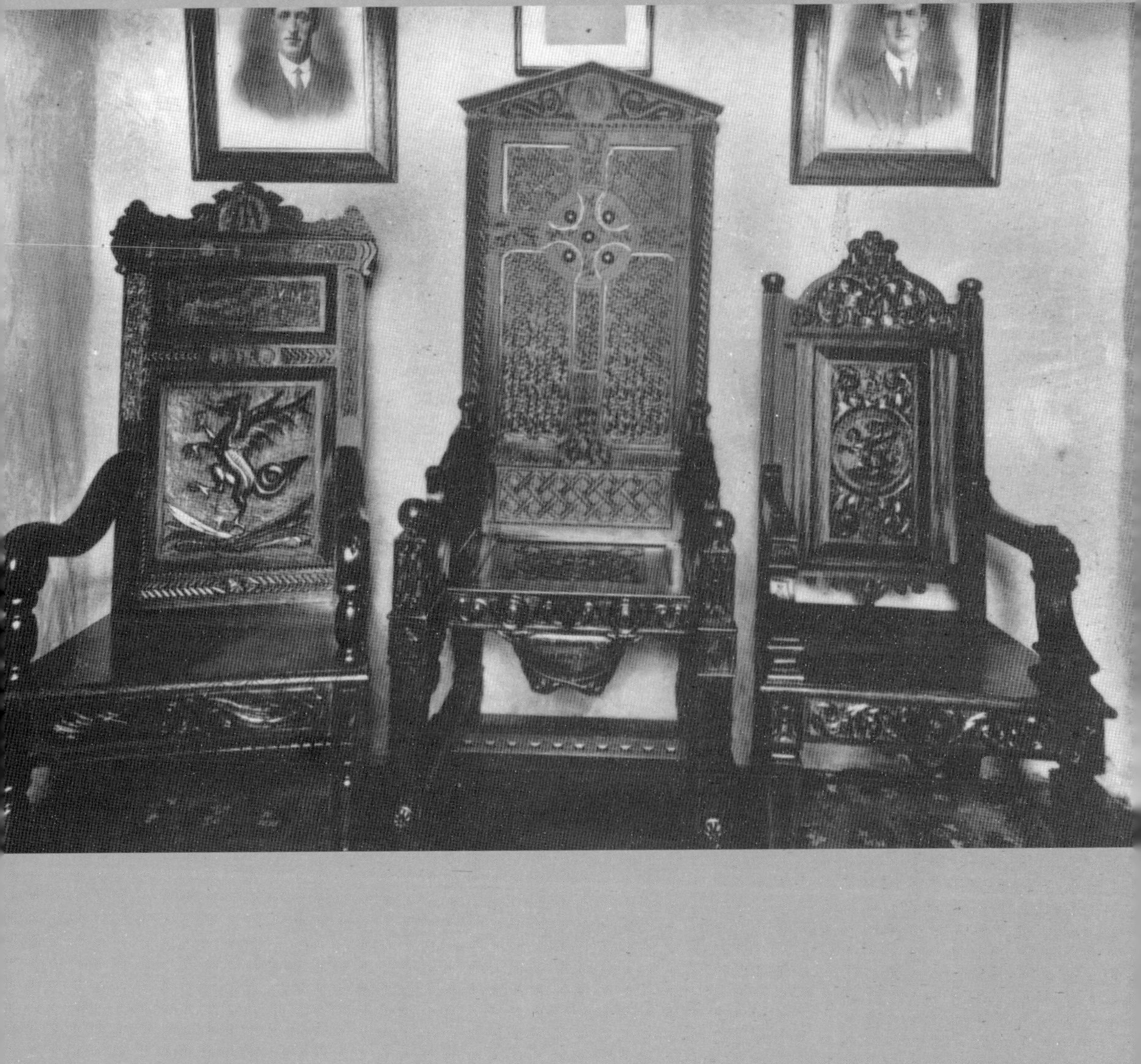

Hedd Wyn yn eistedd yng nghadair Y Bala, a enillodd ym 1907.

Hedd Wyn sitting in the chair which he won at the Bala eisteddfod in 1907.

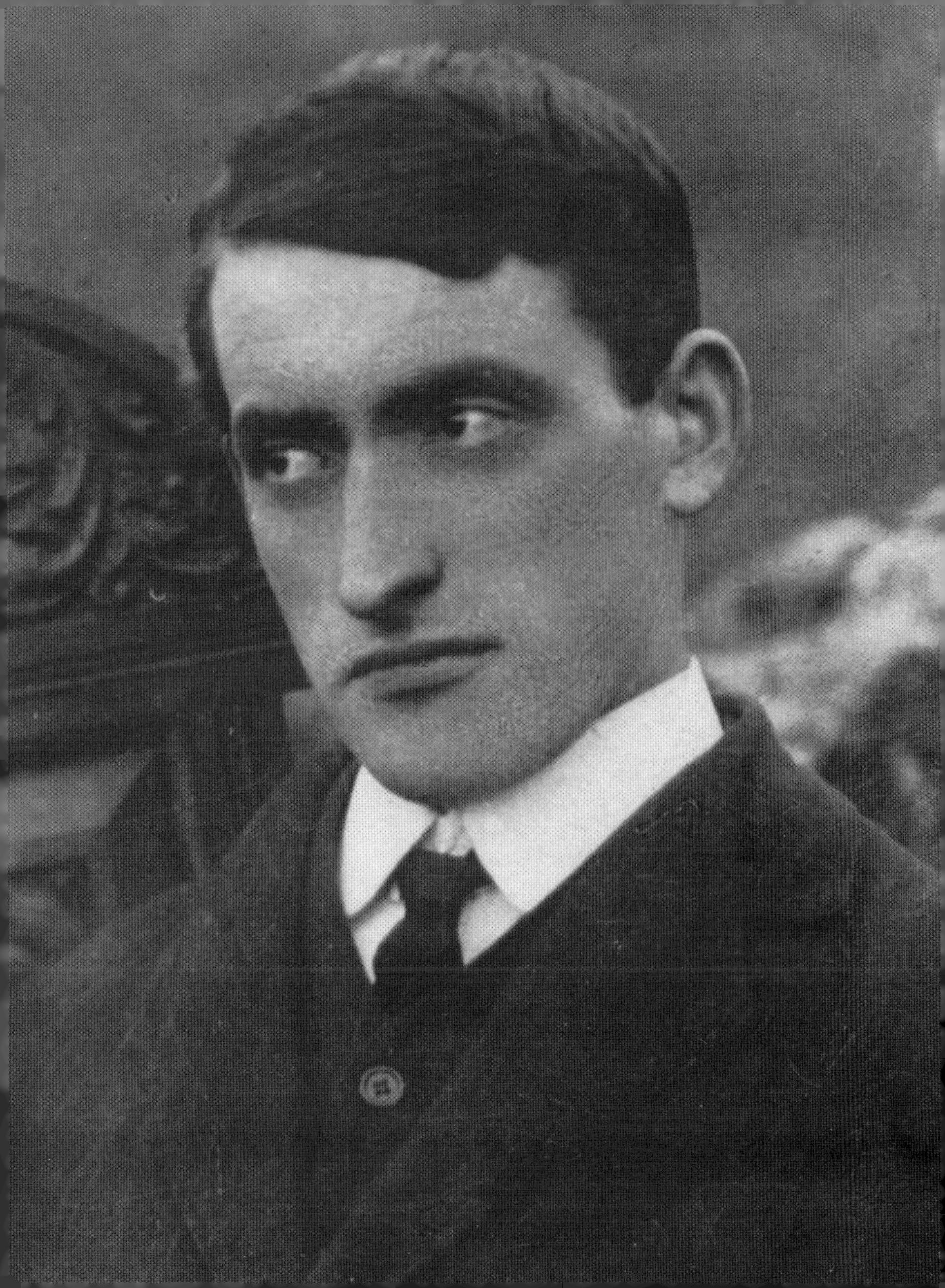

Mary Catherine Hughes.

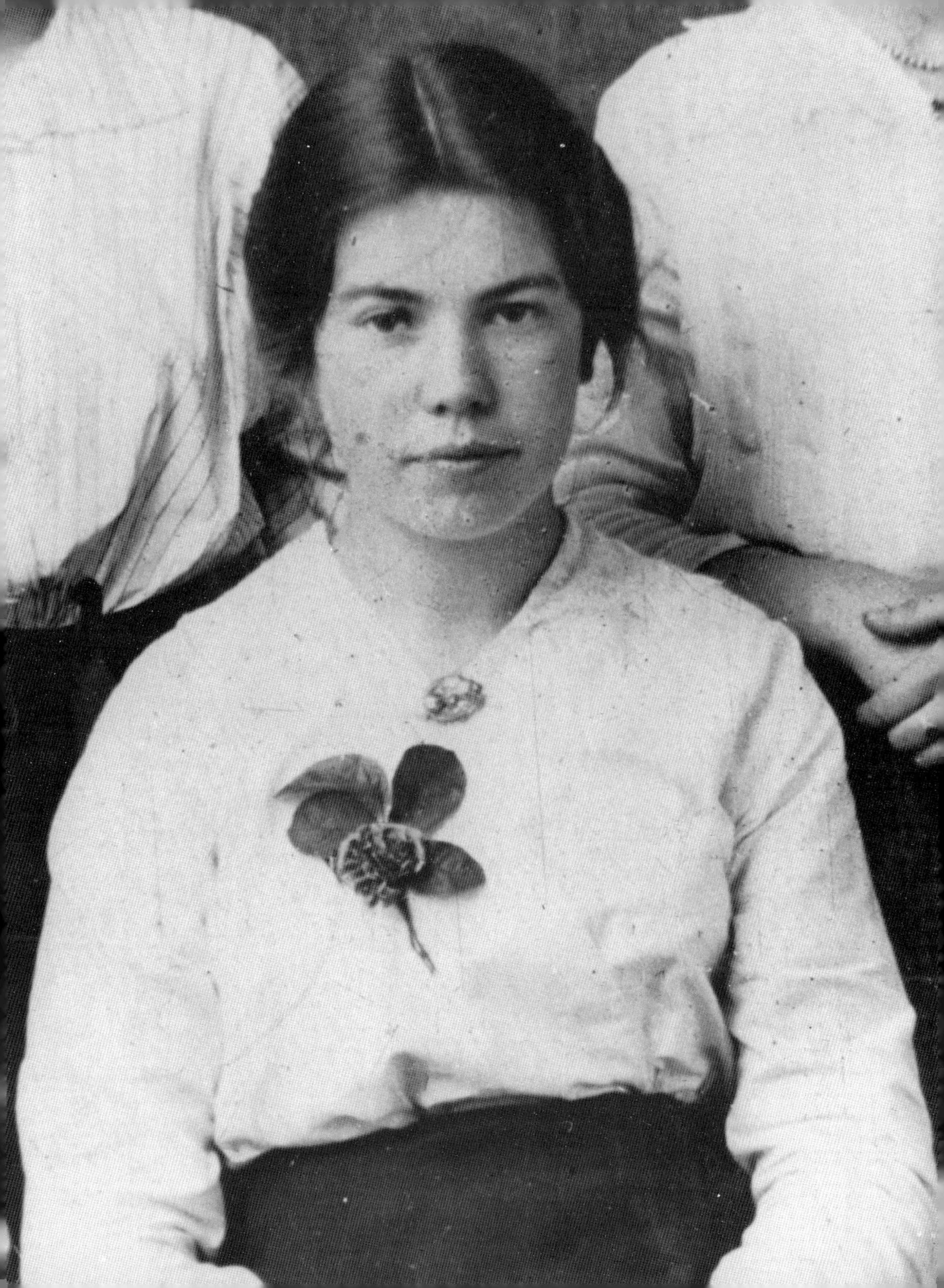

Jini Owen (yn sefyll).   dated August 30, 1916.
                        Jini Owen (standing).

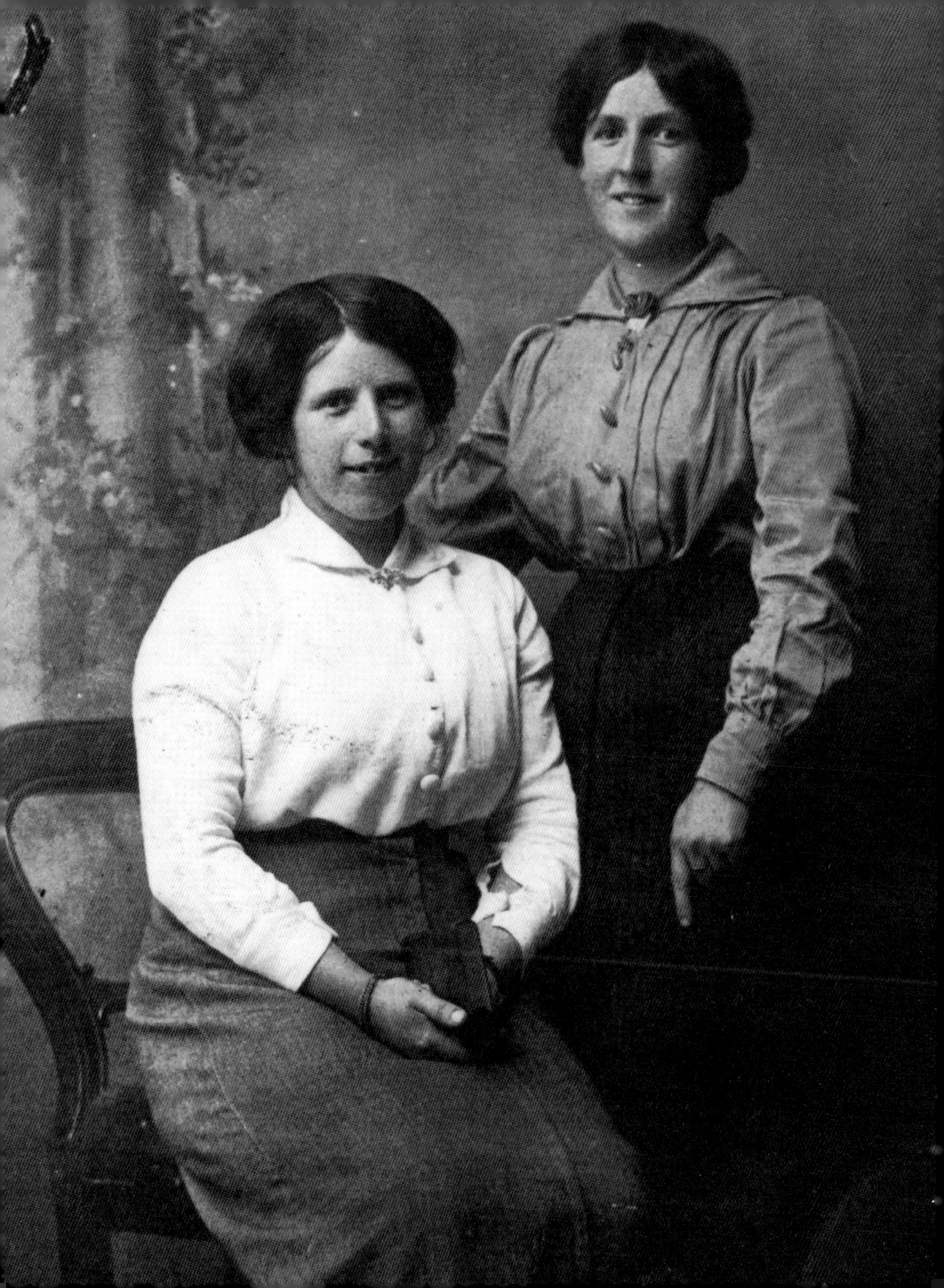

a hyn yn bygwth rhoi'r gorau iddo, oni bai ei fod yn cymedroli cryn dipyn ar ei lymeitian, a gweithredai'r bygythiad hwnnw yn aml. Er pob ymwahanu dros dro, yn ôl at ei gilydd y dôi'r ddau yn wastad, a cheir straeon rhyfedd am garwriaeth y ddau. Weithiau byddai Hedd Wyn yn hollol dawedog yn ei chwmni, yn barddoni'n ei ben yn ddi-baid, ac âi adref ar ôl treulio oriau dieiriau gyda hi. Ar ôl cyrraedd Yr Ysgwrn byddai'n teimlo iddo wneud cam â hi, ac âi'n ôl ati yr holl ffordd i Ffestiniog, i ymddiheuro iddi. Ond fel yr âi'r blynyddoedd rhagddynt, dôi Jini i ddeall mwy a mwy arno. Cawn yr argraff i farwolaeth Hedd Wyn roi terfyn ar berthynas a fyddai'n hir-barhaol yn y pen draw, er nad oedd Hedd Wyn, hyd at ei ddeg ar hugain oed o leiaf, yn ddigon cyfrifol nac yn ddigon cefnog i gadw gwraig. Byddai'r fam amddiffynnol yn rhybuddio'i mab yn aml ynghylch peryglon cymryd merched ormod o ddifri. Mae'n debyg ei bod yn pryderu am ddyfodol ei mab, ac yn ofni yr âi i drybini ar ei ben pe bai'n priodi. Ac eto, rywfodd neu'i gilydd, ceir yr argraff fod y berthynas rhyngddo ef a Jini'n dyfnhau gyda'r blynyddoedd, ac y byddai'r ddau yn sicr o briodi yn y pen draw, a cheisio cael y deupen llinyn ynghyd orau y gallent.

Ac felly y treuliai ei ieuenctid, gartref yn ei gynefin ymhlith ei bobol a'i bethau. Byd digon difyr a diniwed oedd byd Hedd Wyn. Rhoddai help i'w dad ar y fferm ond câi bob rhyddid gan ei rieni i farddoni ac i ddilyn eisteddfodau. Hoffai gwmnïaeth ei gyfeillion a hoffai gwmnïaeth ei gariadon, Jini Owen yn enwedig. Ond wedyn fe ddigwyddodd rhywbeth a siglodd y byd hyd i'w seiliau.

moderation, and would often carry out her threats. But these separations were only temporary. Strange stories about their courting days have survived. Sometimes, with his mind full of poetry and otherwise preoccupied, he wouldn't talk to her for hours, and he would go home without having uttered a single word to her. After reaching Yr Ysgwrn he often felt that he had treated her unfairly, and he would walk all the way back to Ffestiniog to apologise to her. But as the years went slowly past they came to understand each other more and more. We are given the impression that Hedd Wyn's death ended what would have eventually been a permanent relationship, although he was neither financially sound nor responsible enough to keep a wife, or at least he wasn't up to his thirtieth year. His overprotective mother would often warn him not to take women too seriously. She was probably concerned about her son's future, and worried that marriage could ruin him. And yet, his relationship with Jini seemed to blossom over the years, suggesting that they would have married eventually, and make ends meet as best as they could.

And so the days of his youth were spent, at home with his own people, and immersed in his own world. And it was a carefree, innocent world. He helped his father on the farm, but was given every freedom to write poetry and attend eisteddfodau. He loved the company of his friends and he loved the company of women, particularly Jini Owen. But his world was soon to be shattered, his world and the entire world.

PENNOD 2

Blynyddoedd y Rhyfel

Ar Fehefin 28, 1914, llofruddiwyd yr Arch-ddug Franz Ferdinand, yr aer i Ymerodraeth Awstria-Hwngari, a'i wraig, Sophie, yn Sarajevo, Bosnia. Roedd Awstria-Hwngari wedi cydio Bosnia a'i chwaer dalaith Herzegovina wrth yr Ymerodraeth chwe blynedd ynghynt. Slafiaid, Serbiaid a Chroatiaid oedd trigolion Bosnia, ac, yn naturiol, dymuniad Serbiaid Bosnia oedd bod yn rhan o'u talaith genedlaethol, Serbia, yn hytrach na bod dan fawd ymerodraeth estron. Yn nhyb y cenedlaetholwyr Serbaidd, gweithred drahaus oedd ymweliad Franz Ferdinand a'i wraig â Sarajevo, yn enwedig gan mai diben yr ymweliad oedd dathlu pen-blwydd eu priodas.

Tarfwyd ar yr achlysur yn annisgwyl gan garfan o genedlaetholwyr ifanc. Rhoddwyd arfau digon amrwd iddyn nhw gan gymdeithas gudd yn Serbia, a elwid 'Y Llaw Ddu'. Taflwyd bom at fodur yr Arch-ddug a'i wraig gan un o'r cenedlaetholwyr, ond methodd y nod, a ffrwydrodd y tu ôl i'r cerbyd brenhinol, gan anafu rhai o'r pwysigion a oedd yn teithio y tu ôl i'r Arch-ddug, a rhai o aelodau'r dorf. Yn y cynnwrf a ddilynodd, ac mewn ymdrech i ddianc i osgoi rhagor o beryglon, cymerodd gyrrwr yr Arch-ddug droad anghywir, a methodd yrru ymaith i ddiogelwch. Stopiodd y car lle'r oedd un o'r cenedlaetholwyr, Gavrilo Princip, yn aros. Taflodd fom at y car, ond ni ffrwydrodd. Yna, gyda dryll, taniodd Princip nifer o ergydion i mewn i'r car. Trawyd yr Arch-ddug a'i wraig gan ddwy o'r ergydion hynny, a'u lladd.

Symudodd pethau'n gyflym. Beio Serbia am yr anfadwaith a wnaeth Awstria-Hwngari. Erbyn Gorffennaf 28 roedd Awstria-Hwngari wedi cyhoeddi rhyfel yn erbyn Serbia, gyda chefnog-

CHAPTER 2

The War Years

On June 28, 1914, Archduke Franz Ferdinand, heir apparent to the Austro-Hungarian throne, and his wife, Sophie, were assassinated at Sarajevo in Bosnia. Austria-Hungary had annexed Bosnia and its sister state, Herzegovina, in 1908. Bosnia was inhabited by Slavs, Serbs and Croats, and, naturally, Bosnian Serbs wanted to join their national state, Serbia, rather than be annexed to a foreign empire. Serbian nationalists considered the visit as an affront, especially as the Archduke intended the occasion to be a wedding anniversary gift for his wife.

The ceremonial drive through the town was unexpectedly disrupted by a group of young nationalists. A secret Serbian nationalist society known as the 'Black Hand' had supplied them with crude weapons. One of the nationalists threw a bomb at the Archduke's car, but it missed its target and exploded behind the royal vehicle. Some dignitaries who were travelling behind the royal vehicle and several bystanders were wounded. In the ensuing panic and confusion, and in an attempt to escape further danger, the Archduke's chauffer took a wrong turning and failed to drive safely away. The car came to a halt where one of the nationalists, Gavrilo Princip, was waiting. He threw a bomb at the vehicle but it failed to explode. He produced a pistol, and fired several shots into the stationary car, fatally wounding the Archduke and his wife.

Events rapidly escalated. Austria-Hungary blamed Serbia for the outrage committed at Sarajevo. By July 28, Austria-Hungary, supported by Germany, had declared war on Serbia. Russia supported Serbia, and on August 1, Germany declared

Blynyddoedd y Rhyfel

aeth Yr Almaen. Roedd cydymdeimlad Rwsia gyda'r Serbiaid, ac ar Awst 1, cyhoeddodd Yr Almaen ryfel yn erbyn Rwsia. Ar Awst 2, goresgynnwyd Lwcsembwrg gan Yr Almaen, ac anfonodd gais-orchymyn at Wlad Belg i ganiatáu i'w byddin gael tramwyfa drwyddi yn ddi-rwystr. Roedd Prydain dan orfodaeth i warchod amhleidiaeth Gwlad Belg, yn ôl cytundeb a luniwyd ym 1839. Ar Awst 31, gwrthododd Yr Almaen gais Prydain i barchu amhleidiaeth Gwlad Belg, ac erbyn Awst 3, roedd Yr Almaen wedi cyhoeddi rhyfel yn erbyn Ffrainc ac wedi goresgyn Gwlad Belg. Ar Awst 4, cyhoeddodd Prydain ryfel yn erbyn Yr Almaen, ac roedd gwrthdrawiad byd-eang bellach yn anochel.

Ar y cychwyn, agwedd ddi-hid hollol tuag at y rhyfel a feddai Hedd Wyn. Lluniodd rai cerddi cynnar o blaid y rhyfel, yn null cerddi beirdd fel Julian Grenfell, Charles Sorley a Rupert Brooke, sef y cerddi hynny a oedd yn gogoneddu rhyfel cyn i laddfa fawr y Somme newid cywair y canu rhyfel, ond porthi'r farn gyhoeddus boblogaidd yn unig a wnâi cerddi o'r fath. Ond rhyfel oedd hwn nad oedd modd i neb ei anwybyddu. Rhyfel cyflawn ydoedd. Yn raddol, wrth i rai o'i gyfeillion adael Cymru am feysydd estron, sugnwyd Hedd Wyn i mewn i'r rhyfel, fel bardd. Lluniodd nifer o gerddi am y rhyfel, ac mae'r gerdd ganlynol, 'Mewn *Album*', yn nodweddiadol o'i gynnyrch yn ystod hanner cyntaf y rhyfel:

> Cerdda rhai adwaenom heno
>   Ewrob bell ddi-gainc,
> Lle mae dafnau gwaed ar fentyll
>   Prydain Fawr a Ffrainc.

war on Russia. On August 2, Germany invaded Luxembourg, and sent an ultimatum to Belgium to allow unimpeded passage of troops. Britain was bound by a treaty forged in 1819 to protect Belgian neutrality, and on August 31, Germany refused Britain's request to respect Belgian neutrality. On August 3, Germany declared war on France and also invaded both Belgium and France. On August 4, Britain declared war on Germany, and a world-wide conflict was by then inevitable.

Hedd Wyn's attitude towards the war was initially one of apathy, not empathy. He wrote a few early jingoistic poems very much in the vein of the war-glorifying pre-Somme poems written by poets such as Julian Grenfell, Charles Sorley and Rupert Brooke. They meant nothing, and he was only catering for popular public opinion. But it was a war that could not be ignored. It was total war. Gradually, as some of his friends answered the call to arms, one by one, and departed for foreign fields, some of them never to return, Hedd Wyn was drawn into the war, but only as a poet. He wrote elegies to several of his friends and contemporaries who had been killed in the war. He also wrote a few poems about the war itself, the following poem, 'Written in an Album', being typical of his output during the first two years of the conflict:

> Some we know tonight are treading
> Europe's fields of mud,
> Where the enemy is shedding
> French and British blood.

> Cysga eraill a adwaenom
>   Yn y fynwent brudd;
> Lle mae'r awel fyth yn wylo,
>   Wylo nos a dydd.
>
> Troeog iawn yw llwybrau bywyd
>   Megis gwynt yr hwyr;
> Pa le'n cludir ninnau ganddo,
>   Duw yn unig ŵyr.

Blynyddoedd y Rhyfel

    Mae cerddi eraill o'i waith yn mynegi'i ddyhead i weld ei gyfeillion yn dychwelyd yn ddiogel i'w gwlad, ond wrth i lai a llai ddychwelyd, ac wrth i'r rhyfel lusgo ymlaen, dechreuodd rhyw erwinder newydd a realaeth newydd dreiddio i mewn i'w gerddi, a disodli delfrydiaeth a rhamantiaeth ei gerddi cynnar. Lluniodd nifer o gerddi ac englynion er cof am gyfeillion mebyd, a'i englyn enwocaf yw 'Nid Â'n Ango''. Lluniwyd yr englyn yn wreiddiol er cof am yr Is-gapten D. O. Evans o Flaenau Ffestiniog, a laddwyd yn Ffrainc ar Chwefror 12, 1916, a'i gladdu yn ymyl mab y Brigadydd-gadfridog Syr Owen Thomas, ond gan ei fod yn mynegi trychineb cenhedlaeth gyfan, yn gynnil ac yn gofiadwy, fe'i defnyddiwyd i goffáu llawer o rai eraill a oedd wedi cyflawni'r aberth eithaf:

> Others we once knew are sleeping
>   Under foreign clay,
> Where the breeze is always weeping,
>   Weeping night and day.
>
> All life's paths twist and meander
>   Like the nightwind's sway;
> Where they will lead us to wander
>   Only God can say.

Other poems express his desire for the safe return of his friends, but as fewer and fewer returned, and as the war dragged on, a new starkness and a new realism began to creep into his poems, dislodging, to a certain extent, the idealism and romanticism of his early poetry. He wrote several poems and several *englynion* in memory of the dead friends of his youth and his childhood, the most famous being his *englyn* 'In Memoriam'. It was written initially in memory of Lieutenant D.O. Evans, of Blaenau Ffestiniog, who was killed in France on February 12, 1916, and buried near Brigadier-General Sir Owen Thomas' son, but, as it seemed to express, concisely and memorably, the tragedy of a whole generation, it was used to commemorate many others who had paid the ultimate sacrifice, including Hedd Wyn himself:

> Ei aberth nid â heibio, – ei wyneb
> > Annwyl nid â'n ango',
> > Er i'r Almaen ystaenio
> > Ei dwrn dur yn ei waed o.

Blynyddoedd y Rhyfel

Ei gerdd ryfel enwocaf, fodd bynnag, yw 'Rhyfel':

> Gwae fi fy myw mewn oes mor ddreng,
> > A Duw ar drai ar orwel pell;
> O'i ôl mae dyn, yn deyrn a gwreng,
> > Yn codi ei awdurdod hell.
>
> Pan deimlodd fyned ymaith Dduw
> > Cyfododd gledd i ladd ei frawd;
> Mae sŵn yr ymladd ar ein clyw,
> > A'i gysgod ar fythynnod tlawd.
>
> Mae'r hen delynau genid gynt
> > Ynghrog ar gangau'r helyg draw,
> A gwaedd y bechgyn lond y gwynt,
> > A'u gwaed yn gymysg efo'r glaw.

Daeth y gerdd fer 'Y Blotyn Du' hefyd yn enwog:

> Nid oes gennym hawl ar y sêr,
> > Na'r lleuad hiraethus chwaith,

> His sacrifice was not in vain, his dear
>   Face will always remain,
> Although he left a bloodstain
>   On Germany's iron fist of pain.

His most famous war poem, however, is 'War':

> Why must I live in this grim age,
>   When, to a far horizon, God
> Has ebbed away, and man, with rage,
>   Now wields the sceptre and the rod?
>
> Man raised his sword, once God had gone,
>   To slay his brother, and the roar
> Of battlefields now casts upon
>   Our homes the shadow of the war.
>
> The harps to which we sang are hung
>   On willow boughs, and their refrain
> Drowned by the anguish of the young
>   Whose blood is mingled with the rain.

His short poem 'The Black Spot' also became well-known:

> We have no claim to the stars
>   Nor the sad-faced moon of night

The War Years

Blynyddoedd y Rhyfel

  Na'r cwmwl o aur a ymylch
   Yng nghanol y glesni maith.

  Nid oes gennym hawl ar ddim byd
   Ond ar yr hen ddaear wyw;
  A honno sy'n anhrefn i gyd
   Yng nghanol gogoniant Duw.

  Ceir digon o dystiolaeth i brofi fod Hedd Wyn yn erbyn y rhyfel, yn enwedig yn ei gerddi er cof am ei ffrindiau. Byddai wedi bod yn ddigon hapus i adael i'r rhyfel ddod a darfod tra oedd yn helpu ei dad ar y fferm, gan wneud rhyw fath o gyfraniad i'r ymdrech ryfel ar yr un pryd. Hyd yn oed yn ystod blynyddoedd y rhyfel, bu'n dal i gystadlu, ac enillodd ddwy gadair ym 1915, yn Eisteddfod Llanuwchllyn eto, ac ym Mhontardawe yng Nghwm Tawe. Llwyddodd hefyd i gael hamdden i gystadlu am gadair yr Eisteddfod Genedlaethol. Anfonodd awdl i gystadleuaeth y gadair yn Eisteddfod Genedlaethol ohiriedig Bangor, a gynhaliwyd ym 1915 yn y pen draw, ond heb lwyddiant. Yn wir, beirniadwyd ei gerdd yn hallt gan y beirniaid. Gwrthododd adael i hyn ei ddigalonni, ac anfonodd awdl i gystadleuaeth y gadair yn Eisteddfod Genedlaethol Aberystwyth y flwyddyn ddilynol, ac roedd y cynnydd yr oedd wedi ei wneud ers 1914 yn rhyfeddol. Roedd un o'r tri beirniad, J.J. Williams, yn dymuno rhoi'r gadair i Hedd Wyn, ond anghytunai'r ddau arall, a rhoddwyd y gadair i fardd ifanc a dderbyniodd ei addysg yng Ngholeg y Brifysgol ym Mangor. Er

> Nor the golden cloud that immerses
> > Itself in celestial light.
>
> We only have a right to exist
> > On earth in its vast devastation,
> And it's only man's strife that destroys
> > The glory of God's creation.

The War Years

There is ample evidence to prove that Hedd Wyn was opposed to the war, especially his poems in memory of his friends. He would have been happy to live out the war, helping his father on the farm, and thus making a small, but hardly significant, contribution to the war effort. He continued to compete even during the war years, and in 1915 he won two chairs, one at the Llanuwchllyn Eisteddfod, once again, and one at the Pontardawe Eisteddfod in the Swansea Valley. He also found time to compete for the chair at the National Eisteddfod. He entered the chair competition at the Bangor National Eisteddfod, 1915, but without success, Indeed, his poem was severely criticised by the adjudicators. Refusing to be disheartened, he competed for the chair again at the Aberystwyth National Eisteddfod in 1916, and the progress he had made since competing at Bangor was truly remarkable. One of the three adjudicators at the Aberystwyth Eisteddfod, J.J. Williams, wanted to award the chair to Hedd Wyn, but the other two adjudicators disagreed, and the chair was awarded to a young poet who had been educated at the University

Blynyddoedd y Rhyfel

mor brin oedd ei addysg, roedd yn rhaid i Hedd Wyn herio beirdd a oedd yn llawer mwy addysgedig nag ef, ond roedd yn ddigon dawnus i wneud hynny. Gellir honni gyda chryn dipyn o hyder a chyfiawnhad fod awdl Hedd Wyn ym 1916 yn well o lawer na'r awdl a enillodd, ond, pe bai wedi ennill y gadair yn Aberystwyth, mae'n bosib na fyddai wedi cystadlu am gadair yr Eisteddfod Genedlaethol ym 1917, ac ni fyddai Eisteddfod y Gadair Ddu wedi digwydd o gwbl.

Yr hyn a seliodd dynged Hedd Wyn, fel miloedd a rai eraill, oedd y ddeddf newydd a ddaeth i rym ddechrau 1916. Pasiwyd Deddf Gorfodaeth Filwrol yn Nhŷ'r Cyffredin ar Ionawr 24, 1916, a byddai'n dod i rym ar ddechrau Mawrth. 'Single Men! Will you march too or wait till March 2' oedd un o'r sloganau a welid ar bosteri'r Llywodraeth. At ddynion dibriod a gwŷr gweddw yn unig yr anelid y ddeddf hon, nid at ddynion priod. Gorfodid dynion ieuanc a oedd rhwng 18 a 41 oed ar Awst 15, 1915, i ymuno â'r fyddin gan y ddeddf hon. Disgwylid i bawb yr oedd y ddeddf yn effeithio arnynt gyrchu'r swyddfa ymrestru agosaf ar unwaith, ac ymuno â'r Lluoedd Arfog yn wirfoddol ddidrafferth. Pe na baent yn gwneud hynny, fe'u cyfrifid yn aelodau o'r Lluoedd Arfog beth bynnag, a byddai'r awdurdodau yn chwilio amdanyn nhw pe baen nhw'n ceisio osgoi'r alwad i ymuno.

Ac yntau'n ddibriod, roedd y ddeddf newydd hon yn effeithio'n uniongyrchol ar Hedd Wyn. Ond, ar y llaw arall, gallai ddadlau ei fod yn cyflawni gwasanaeth anhepgor i'r ymdrech ryfel trwy ffermio, ffermwr di-lun neu beidio. Gellid tybio felly

College of Wales, Bangor. Having received but little education himself, Hedd Wyn had to challenge poets who had received college education, but he was talented enough to do so. We can confidently and justly say that Hedd Wyn's entry for the 1916 National Eisteddfod chair was far superior to the winning poem, but, had he been awarded the chair in 1916, his ambition thus realised, it is possible that he wouldn't have competed at the 1917 National Eisteddfod, and the Eisteddfod of the Black Chair would never have occurred.

The War Years

Hedd Wyn's fate, along with thousands of others, was sealed when a new legislation came into force at the beginning of 1916. On January 24, the House of Commons passed the Military Service Bill, which was to come into force at the beginning of March. 'Single Men! Will you march too or wait till March 2' was one of the slogans used by the Government on its recruiting posters. This new legislation was aimed at unmarried men or widowers only. All British male subjects who were between the ages of 18 and 41 on August 15, 1915, were deemed to have enlisted for general service with the colours or in the reserve. All male subjects who came within the scope of the act were expected to report immediately to the nearest recruiting station. Even if they failed or refused to do so, they were still regarded as being members of the Armed Forces, and the authorities had the right to search for them and force them to join if necessary.

As he was single, this new legislation had an immediate effect on Hedd Wyn. On the other hand, he was in a position to

Blynyddoedd y Rhyfel

ei fod yn ddiogel, ac nad oedd angen iddo ymuno â'r fyddin. Byddai'n rhaid iddo lenwi'r ffurflenni pwrpasol, wrth gwrs, i brofi ei fod yn cyfrannu'n uniongyrchol tuag at yr ymdrech i ennill y rhyfel, a phe bai unrhyw amheuaeth yn ei gylch, byddai'n rhaid iddo ymddangos gerbron tribiwnlys i ddadlau ei achos. Roedd problem gan deulu'r Ysgwrn. Cyn diwedd y flwyddyn, ar Dachwedd 24, byddai Bob, brawd Hedd Wyn, yn ddeunaw oed. Golygai hynny y byddai gan Evan a Mary Evans, erbyn diwedd 1916, ddau o feibion sengl o fewn yr oedran ymrestru. Go brin y câi'r ddau ohonyn nhw aros gartref ac osgoi ymuno â'r fyddin. Nid oedd y ffaith fod y ddau ohonyn nhw yn gweithio ar y tir yn ddigon. Byddai'r tribiwnlysoedd yn chwilio am bob esgus a phob math o ystrywiau i wthio dynion i gyfeiriad y fyddin. Dôi nifer o ffactorau dan ystyriaeth gan y tribiwnlysoedd hyn, tua phump ohonyn nhw fel arfer. Beth oedd maint y fferm? A allai aelodau eraill o'r teulu, y merched yn enwedig, gyflawni'r gwaith, fel y gellid rhyddhau'r meibion i'r fyddin? A ellid cyfiawnhau'r ffaith fod sawl gŵr ifanc dibriod yn gweithio ar ambell fferm gymharol fechan? A fferm gymharol fechan oedd Yr Ysgwrn.

Ymddangosodd Hedd Wyn gerbron sawl tribiwnlys, yn ôl ei chwaer, Enid Morris. Mae'n amlwg felly ei fod wedi llenwi'r ffurflen y gellid drwyddi gael rhyddhad, pe bai'r tribiwnlys yn cydsynio fod y rhesymau'n rhai teilwng. Pe bai un tribiwnlys yn methu dod i benderfyniad, trosglwyddid yr achos i dribiwnlys uwch. Weithiau byddai un achos yn cerdded y tribiwnlysoedd. Ceisiodd Evan Evans yn daer gael yr awdurdodau i ollwng

argue that he was making an important contribution to the war effort as a farmer, even though he was an inept farmer. There was a possibility that he could be granted exemption. Of course, he would have had to fill in the necessary forms to prove that he was making an invaluable contribution to the war effort, and should there be any doubts as to the authenticity of his claim, he would be summoned to appear before a tribunal to argue his case. Nevertheless, the family had a problem. Before the end of the year, 1916, on November 24, Bob, Hedd Wyn's brother, would be eighteen years of age. That meant that Evan and Mary Evans would have two sons within the enlisting age after November 24. It was highly unlikely that they could both be spared, despite the fact that they both worked on the land. The tribunals looked for every excuse possible to force men to enlist. Usually some five main factors would be considered by tribunals, for example: How big was the farm? Could other members of the family, especially the women, perform the work, in order to release the men? Could it be justified that several single young men worked on some farms, especially farms which were comparatively small? And Yr Ysgwrn was a comparatively small farm.

According to his sister, Enid Morris, Hedd Wyn and his father were summoned to appear before several tribunals. Hedd Wyn must have filled in the exemption forms, but the authorities were obviously unconvinced by his reasons for avoiding military service. When a tribunal failed to come to a decision, the case would often be transferred to a higher tribunal. Some cases

Blynyddoedd y Rhyfel

Hedd Wyn yn rhydd o afael y fyddin, ond methodd.

Barnwyd gan y tribiwnlysoedd hyn y byddai'n rhaid i un ai Hedd Wyn neu ei frawd Bob ymrestru ar ôl i Bob gyrraedd ei ddeunaw oed, gan nad oedd angen y ddau ohonyn nhw i weithio gartref ar y fferm. Roedd y teulu, felly, wedi cael ei orfodi i wneud penderfyniad amhosib. Byddai Hedd Wyn wedi gallu gohirio'r gorchymyn iddo ef neu i'w frawd ymuno â'r fyddin pe bai wedi cadw ymlaen i apelio, ond yn ôl ei chwaer, blinodd yn lân ar yr ymgecru a'r erfyn, gan nad oedd rhegi a rhwygo yn rhan o'i natur. Dywedwyd rhywbeth tebyg gan eraill. Yn ôl John Morris, brawd William Morris, 'Yr oedd gan Hedd Wyn ormod o hunan-barch i ymgecru a'r un Tribiwnlys,' ac yn ôl J. D. Richards:

> … *gallai* Hedd Wyn aros gartref heb dreisio'r un ddeddf drwy hynny … nid oedd yn filwr o'i fodd … Nid oedd "cweryla" 'n ddreng ar ei raglen ef, onite cadwasai ei hun, heb ond ychydig o'r dawn hwnnw, o afaelion y Fyddin … Nid llwfr-ddyn croen-dew ydoedd; a gallasai bob amser wynebu ei dynged fel *dyn*.

Penderfynodd Hedd Wyn mai ef a fyddai'n ymuno â'r fyddin, yn hytrach na Bob. Cyflawnodd, felly, weithred arwrol ac anhunanol. Nid oedd ganddo unrhyw awydd i ymuno â'r fyddin, ac i arbed ei frawd yn unig yr aeth. Ei eiriau wrth y teulu oedd: "Mae'n rhaid i un ohonon ni fynd, ac mae Bob yn rhy ifanc". Roedd Hedd Wyn hefyd wedi syrffedu ar edliwiadau

were transferred from one tribunal to another. Evan Evans tried hard to have his sons granted exemption from military service, but obviously failed. It was decided that either Hedd Wyn or his brother Bob had to enlist, once Bob had turned eighteen, as there was no justification for them both to work on the farm. The family, therefore, was faced with an incredibly cruel choice. Hedd Wyn could have prolonged the decision by appealing continually to the authorities, but, according to his sister, it wasn't in his nature to plead and argue. Others have said similar things about him. John Morris, William Morris' brother, said that 'Hedd Wyn had too much self-respect to quarrel and bicker with any tribunal', and according to J.D. Richards:

> ... Hedd Wyn *could* have remained at home without violating any law ... he wasn't a soldier by nature ... To quarrel angrily was not his way, otherwise he would have been able to keep himself free from the clutches of the army ... he wasn't a thick-skinned coward; and he could always face his destiny as a *man*.

Hedd Wyn decided that he would join up, instead of Bob. He therefore performed a brave, unselfish act. He had no wish to join the army, and he only enlisted to save his brother. He told the family: 'One of us has to go, and Bob is too young'. He was also tired of being vilified by others for not enlisting. His mother often told him not to go near the village, in case he

pobl ynghylch ei amharodrwydd i wirfoddoli. Rhybuddiai'r fam ei mab bob hyn a hyn i beidio â mynd ar gyfyl pentref Trawsfynydd, rhag ofn i rai o'r pentrefwyr ei wawdio neu ei waldio.

Ymrestrodd Hedd Wyn ym Mlaenau Ffestiniog, un ai ar ddiwedd 1916 neu yn gynnar iawn ym mis Ionawr 1917. Cyn ymrestru, roedd wedi dechrau gweithio ar awdl ar gyfer Eisteddfod Genedlaethol 1917, ar y testun 'Yr Arwr'. Gyda'i ddyfodol yn ansicr a'i dynged yn annelwig, gwyddai fod amser yn brin, ac mae'n rhaid ei fod wedi croesi ei feddwl y gallai bywyd yn y fyddin fod yn andwyol i'w ddawn greadigol fel bardd.

Ymunodd Hedd Wyn â 15fed Fataliwn y Ffisiliwyr Brenhinol Cymreig. Y cam cyntaf ar ôl ymuno oedd teithio i bencadlys y Ffisiliwyr Brenhinol Cymreig yn Wrecsam. Teithiai Cymro ifanc o'r enw Simon Jones gydag ef ar y trên i Wrecsam y bore hwnnw. Bu Simon Jones gyda'r bardd yn Wrecsam, yn Litherland ac yn Fflandrys. Cofiai fod Hedd Wyn yn smocio'i getyn ac yn gwisgo esgidiau cochion, peth anghyffredin yn y dyddiau hynny, pan gyd-deithiai ag ef i Wrecsam. Lladratawyd yr esgidiau cochion trawiadol hynny yn Wrecsam, a phrofiad chwithig iawn oedd profiad cyntaf y bardd yn y fyddin. Cafodd archwiliad meddygol yn Wrecsam, ei ddyfarnu'n holliach, ac roedd y bardd, felly, yn aelod swyddogol o Luoedd Arfog ei Fawrhydi.

would be either physically or verbally abused by some of the villagers.

Hedd Wyn enlisted at Blaenau Ffestiniog, either at the close of 1916 or early in 1917. Before enlisting, he had begun working on a poem for the 1917 National Eisteddfod. The subject for the chair competition was '*Yr Arwr*' (The Hero). With his future insecure and his fate unknown, he knew that time was short, and it must have crossed his mind that life in the army could be inimical to poetic creativity.

Hedd Wyn joined the 15th Battalion of the Royal Welsh Fusiliers. The first step after enlisting was to report to the Regimental Depot at Wrexham. A young Welshman, Simon Jones, travelled with him on the train to Wrexham. He was with Hedd Wyn at Wrexham, at Litherland and in Flanders. Simon Jones recalled that Hedd Wyn was fond of his pipe, and that he wore red shoes, an unusual thing in those days, when he was travelling with him to Wrexham. Those red shoes were immediately stolen at the Depot in Wrexham, and that was his first experience of army life. At Wrexham he was medically examined and declared to be fit to serve in His Majesty's Armed Forces.

Print yn coffáu gwŷr Trawsfynydd a laddwyd yn y Rhyfel Mawr.

A print commemorating the men of Trawsfynydd who fell in the Great War.

ARWYR TRAWS FYNYDD

MEWN ANGOF NI CHANT FOD

EU HABERTH NID EL HEIBIO
Hedd Wyn

G. Llew Morris	J. Morris (L.F.)	W. Evans (Canadians)	Tom Morris (R.W.F.)	Rt. Morris (Welsh Reg.)
E.R. Parry (S.W.B.)	Watkin Jones (Welsh Reg.)	Major Evans (R.W.F.)	W. Llew Jones (R.W.F.)	W.J. Davies (M.G.C.)
O. Evans (R.W.F.)	R. Williams (R.W.F.)	Ellis Evans (Hedd Wyn)	R.E. Phillips (R.W.F.)	Evan Williams (R.W.F.)
J. Williams (R.W.F.)	Moses Lewis (A.S.C.)	Lieut. Aranah Phillips (R.F.)	Ellis J. Jones (R.E.)	Tom Evans (R.W.F.)
G. Price Jarrett (R.W.F.)	R.R. Owen (R.F.)	H.T. Hughes (R.W.F.)	David Roberts (S.W.B.)	R.M. Lloyd (R.W.F.)
E. Thomas (R.W.F.)	David G. Williams (R.W.F.)	R.R. Hughes	J. Jones (R.W.F.)	J. Evans (Herts)

Is-gapten D. O. Evans.   Lieutenant D. O. Evans.

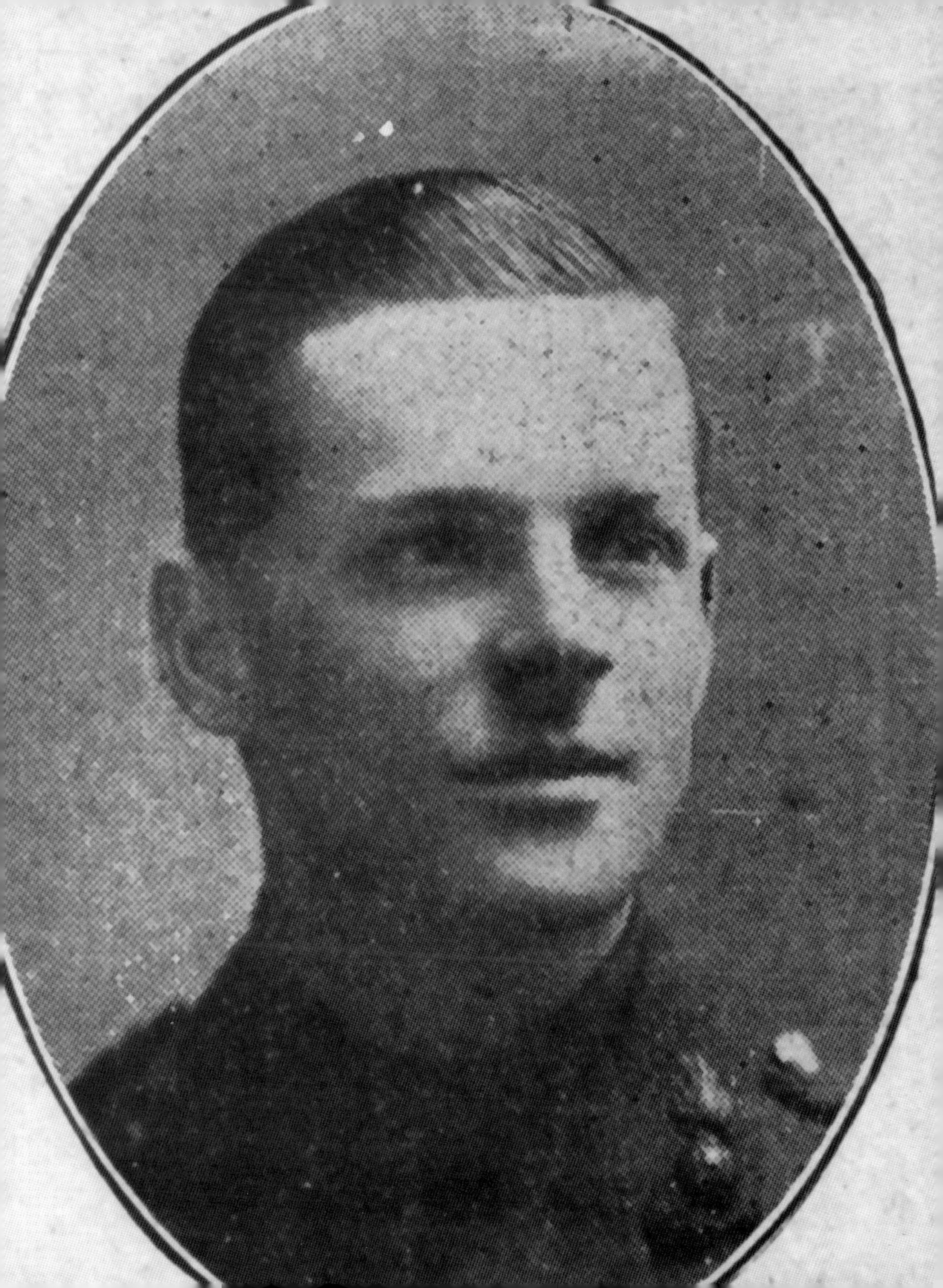

PENNOD 3

Litherland a Ffrainc

Yn ôl J. D. Richards, ymadawodd Hedd Wyn â'r Ysgwrn i fynd i wersyll hyfforddi Litherland yn ymyl Lerpwl ar Ionawr 29, 1917. Mae'r dyddiad hwn mwy neu lai yn gyson ag adroddiad a geir yn rhifyn Chwefror 10, 1917, o'r *Rhedegydd* ynghylch 'Cyngerdd y V.T.C.' (*Volunteer Training Corps*) a gynhaliwyd ar Chwefror 3 yn neuadd y pentref yn Nhrawsfynydd. Nodwyd yn yr adroddiad hwnnw 'i'r Llywydd penodedig fethu dod' a 'Hefyd yr oedd ein harweinydd poblogaidd Hedd Wyn yn absenol, trwy iddo ef gael ei alw i fyny i ymuno a'r fyddin ddechreu yr wythnos'.

Gwersyll hyfforddi'r Ffiwsiliwyr Brenhinol Cymreig adeg y Rhyfel Mawr oedd Litherland, ond mae'r gwersyll wedi ei hen chwalu erbyn hyn. Rhaid oedd i Hedd Wyn deithio ar y trên i orsaf Lerpwl i gychwyn, newid yn Lerpwl, ac yna teithio ymlaen i Litherland, ardal ddiwydiannol, fudr ar gyrion y ddinas. Roedd gwersyll hyfforddi Litherland wedi ei leoli rhwng ffatri ffrwydron Brotherton a mynwent a oedd yn perthyn i'r Eglwys Gatholig. Yn ymyl hefyd roedd ffatri fatsys Bryant a May. Roedd y gwersyll ei hun yn lle diflas a digysur, ac oherwydd ei leoliad rhwng ffatri ffrwydron a mynwent, ni allai ond atgoffa'r milwyr newydd dibrofiad o'r dynged a oedd bron yn sicr yn eu haros. Ffrwydron, dynion neu dân: câi'r cyfan eu cynhyrchu ar raddfa eang yn Litherland, a hawdd oedd cyflenwi i ateb yr angen.

Bu Robert Graves (1895-1985) a Siegfried Sassoon (1886-1967), dau o feirdd blaenllaw'r Rhyfel Mawr, yn treulio cyfnodau yn Litherland, gan mai i'r Ffiwsiliwyr Brenhinol Cymreig y perthynai'r ddau. Sonnir am Litherland yng nghlasuron y ddau, *Goodbye to All That* (1929) a *Memoirs of an Infantry Officer*

CHAPTER 3

Litherland and France

According to J.D. Richards, Hedd Wyn left his home for Litherland training camp near Liverpool on January 29, 1917. That date is more or less consistent with a report printed in the February 10, 1917, issue of *Y Rhedegydd* on the 'v.t.c.' [*Volunteer Training Corps*] Concert', held on February 3 at the Trawsfynydd village hall. According to the report: 'the appointed President was unable to come' and 'our popular compère Hedd Wyn was also absent, as he was called up for military service at the beginning of the week'.

Litherland was the Royal Welsh Fusiliers' Wartime Training Depot, but it has long since disappeared. Hedd Wyn would have travelled to Liverpool station, change at Liverpool, and then proceed to the industrial, dirty suburb of Litherland. Litherland camp was situated between Brotherton's Munition Factory and a large Roman Catholic cemetery. The Bryant and May's match factory was also situated near the camp. The camp itself was dreary and cheerless, and situated between a munition factory and a cemetery, it could only remind raw recruits of the fate that almost certainly awaited them. Munitions, matches and men: they were all mass-produced at Litherland, and supply could always meet demand.

Two of the foremost poets of the First World War, Robert Graves (1895-1985) and Siegfried Sassoon (1886-1967), were at Litherland, as they were both officers with the Royal Welsh Fusiliers. Litherland is often invoked in their masterpieces, *Goodbye to All That* (1929) and *Memoirs of an Infantry Officer* (1930). In November 1916, according to Graves (it was December in

71

(1930). Ym mis Tachwedd, 1916, yn ôl Graves (er mai dechrau mis Rhagfyr ydoedd mewn gwirionedd), roedd y ddau'n rhannu'r un cwt yn Litherland, a'r ddau, erbyn hynny, wedi glân syrffedu ar y rhyfel, ond nid oedd Sassoon ar y pryd yn barod i wrthdystio'n gyhoeddus yn erbyn y rhyfel, fel y gwnaethai yn ddiweddarach.

Disgrifiwyd Litherland gan y ddau. Ymadawodd Graves â Litherland ddechrau mis Ionawr 1917, cyn i Hedd Wyn gyrraedd. Meddai yn *Goodbye to All That*:

actual fact), they were both sharing the same hut in Litherland, and both had by then grown to detest the war, although Sassoon wasn't ready at the time to publicly denounce the war, as he was to do in the new year.

Litherland was described by both poets. Graves left Litherland at the beginning of January 1917, before Hedd Wyn arrived at the camp. He wrote in *Goodbye to All That*:

1 I decided to leave Litherland somehow, forewarned what the winter would be like with the mist streaming up from the Mersey and hanging about the camp, full of TNT fumes. During the previous winter I used to sit in my hut, and cough and cough until I was sick. The fumes tarnished buttons and cap-badges, and made our eyes smart.

Gwersyll hyfforddi Litherland yn ystod cyfnod y Rhyfel Mawr.

Litherland Training Depot during the Great War.

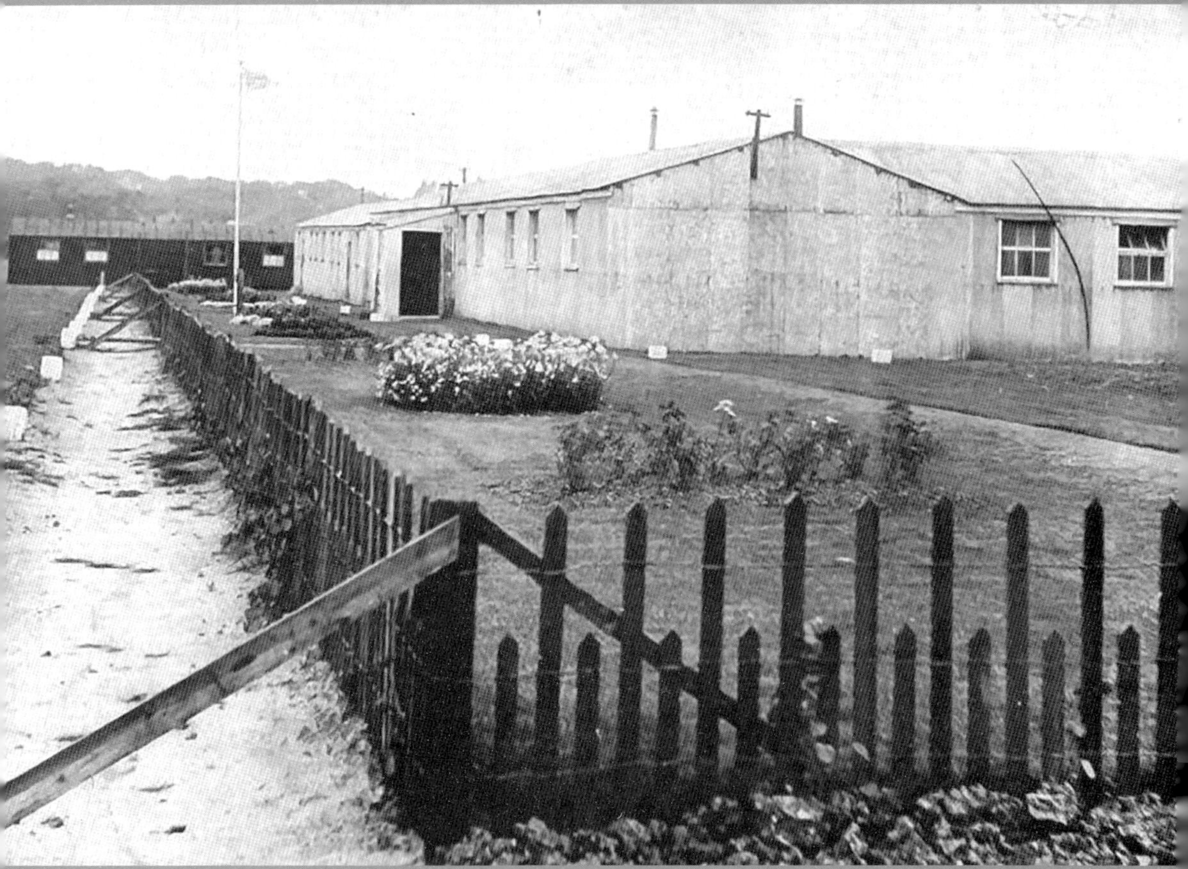

Litherland a Ffrainc

Mae'n fwy na phosib fod Hedd Wyn a Sassoon wedi gweld ei gilydd yn Litherland, er na wyddai'r naill pwy oedd y llall, nac fel arall. Bu Sassoon yn Litherland rhwng Rhagfyr 2, 1916, a Chwefror 5, 1917, ac felly roedd y ddau yno ar yr un pryd, am ryw wythnos. Cyfarfu Hedd Wyn, ar ddydd olaf mis Ionawr, â gŵr a oedd i chwarae rhan bwysig yn hanes y Gadair Ddu, sef J. Buckland Thomas, o Flaendulais ym Morgannwg. Yr oedd y gŵr hwn yn bresennol yn Eisteddfod Pontardawe ym 1915 pan ddyfarnwyd y gadair i Hedd Wyn am ei bryddest 'Cyfrinach Duw', ond ychydig a feddyliai ar y pryd y byddai'n ffurfio cyfeillgarwch cadarn ag awdur y bryddest honno.

Yn ôl Simon Jones, milwr di-lun oedd Hedd Wyn. Roedd ei feddwl ar grwydr yn aml pan fyddai ar barêd, ac roedd yn gysglyd wrth ei waith ac yn flêr yn ei ymddangosiad. Câi ei geryddu'n aml, yn Litherland ac yn Fléchin.

Clywodd Simon Jones swyddogion y fyddin yn anelu'r geiriau 'Come on, you're not on your bloody Welsh farm now – wake up!' yn aml at y bardd a rhai eraill tebyg iddo. Yn ôl Hedd Wyn ei hun, cafodd faddeuant aml i dro gan y fyddin am ryw fân droseddau a gyflawnid ganddo. Ysgrifennodd at un o'i gyfeillion, Morris Evans, o Litherland:

> Wel, yr wyf fi yn reit gefnog a chysidro nad ydw i ddim ond Private. Ychydig o farddoniaeth sy yma, ond digon o feirdd, achos Cymry yw mwyafrif y swyddogion a'r milwyr. Yr wyf wedi gwneud lot o droion trwstan er yr wyf yma, ond ces faddeuant bob tro a champ go lew ydi hyn yn y fyddin.

It is more than possible that Hedd Wyn and Sassoon saw each other in Litherland, but they were a class and a rank apart. Sassoon was at Litherland between December 2, 1916, and February 5, 1917, therefore they were both there at the same time, but only for a week or so. On the last day of January Hedd Wyn met a man who was to play a prominent part in the story of the Black Chair, J. Buckland Thomas, from Blaendulais in Glamorganshire. He was present at the Pontardawe Eisteddfod in 1915 when Hedd Wyn won the chair for his poem 'The Secret of God', but little did he think at the time that he would soon become a close friend of the winning-poet.

According to Simon Jones, Hedd Wyn was completely inept as a soldier. His mind was often elsewhere when he was on parade, he was rather idle and untidy in appearance, and was often reprimanded by his superiors at Litherland.

Simon Jones often heard officers shouting 'Come on, you're not on your bloody Welsh farm now – wake up!' at Hedd Wyn and others of a similar background. Hedd Wyn wrote to a friend, Morris Evans, from Litherland:

> Well, I am quite well, considering that I'm only a Private. There is little poetry here, but plenty of poets, because most of the men and officers are Welshmen. I have committed quite a few minor transgressions since arriving here, but I have been pardoned every time, and that is quite an achievement in the army.

Â'r llythyr ymlaen:

> Byddaf wedi mynd trwy y training gofynol cyn pen tair wythnos eto, wedyn, wythnos o 'leave' – gwelwch fel yna ein bod wedi bod wrthi yn bur galed. Ychydig o naws o'r Traws wyf yn ei gael. Rhai sal ddifrifol am ddim felly ydi pobol Yr Ysgwrn. Holi ynghylch fy nghrysau a'm sanau y byddan nhw ymhob llythyr.

Er mor anghynefin oedd y bywyd milwrol iddo ar y dechrau, mae'n debyg iddo led-ymaddasu. Ysgrifennodd at J. D. Richards ym mis Chwefror. Er ei fod yn diolch am ei le, mae rhywfaint o'i gasineb tuag at y fyddin yn dod i'r amlwg yn y llythyr:

> Gwan ddifrifol yw y cyflog yma ac ystyried ein bod yn *agents* tros 'Gyfiawnder,' a phethau mawr tebyg. Nid yw hi mor filwrol yma ag y tybiais: mae yr hen fân swyddogion rheglyd wedi eu chwynu ymaith, a bechgyn lled ddymunol wedi eu gosod yn eu lle, – yr Hutiau yn bur glyd, a'r bwyd yn eithaf, ac os daw hi fel hyn, mi fydd yn iawn!

Canodd y bardd englyn i'r 'hutiau' hyn:

> Gwêl wastad hutiau'n glwstwr, – a bechgyn
>   Bochgoch yn llawn dwndwr;
> O'u gweld fe ddywed pob gŵr:
> 'Dyma aelwyd y milwr'.

Litherland a Ffrainc

The letter continues:

> I will have completed the necessary training in less than three weeks, then, a week of leave – you can see that we have been working quite hard. I receive little news from Trawsfynydd. The Ysgwrn people are no good in this respect. They only ask about my shirts and socks in every letter.

Although army life was completely strange to him at the beginning, he tried to succumb to his new and unfamiliar circumstances. He wrote to J. D. Richards in February:

> Our wages here are very low considering that we are agents for 'Justice,' and other important issues. It isn't as militaristic here as I had anticipated: the foul-mouthed low-ranking officers have been posted elsewhere, and have been replaced by some quite pleasant lads – the huts are quite comfortable, the food not too bad, and if things remain as they are, everything will be fine!

He wrote a simple *englyn* to Litherland:

> See a cluster of even huts, – and noisy,
>   Boisterous red-faced lads;
> And, seeing them, everyone will say:
> 'This is the home of the soldier'.

Simon Jones.

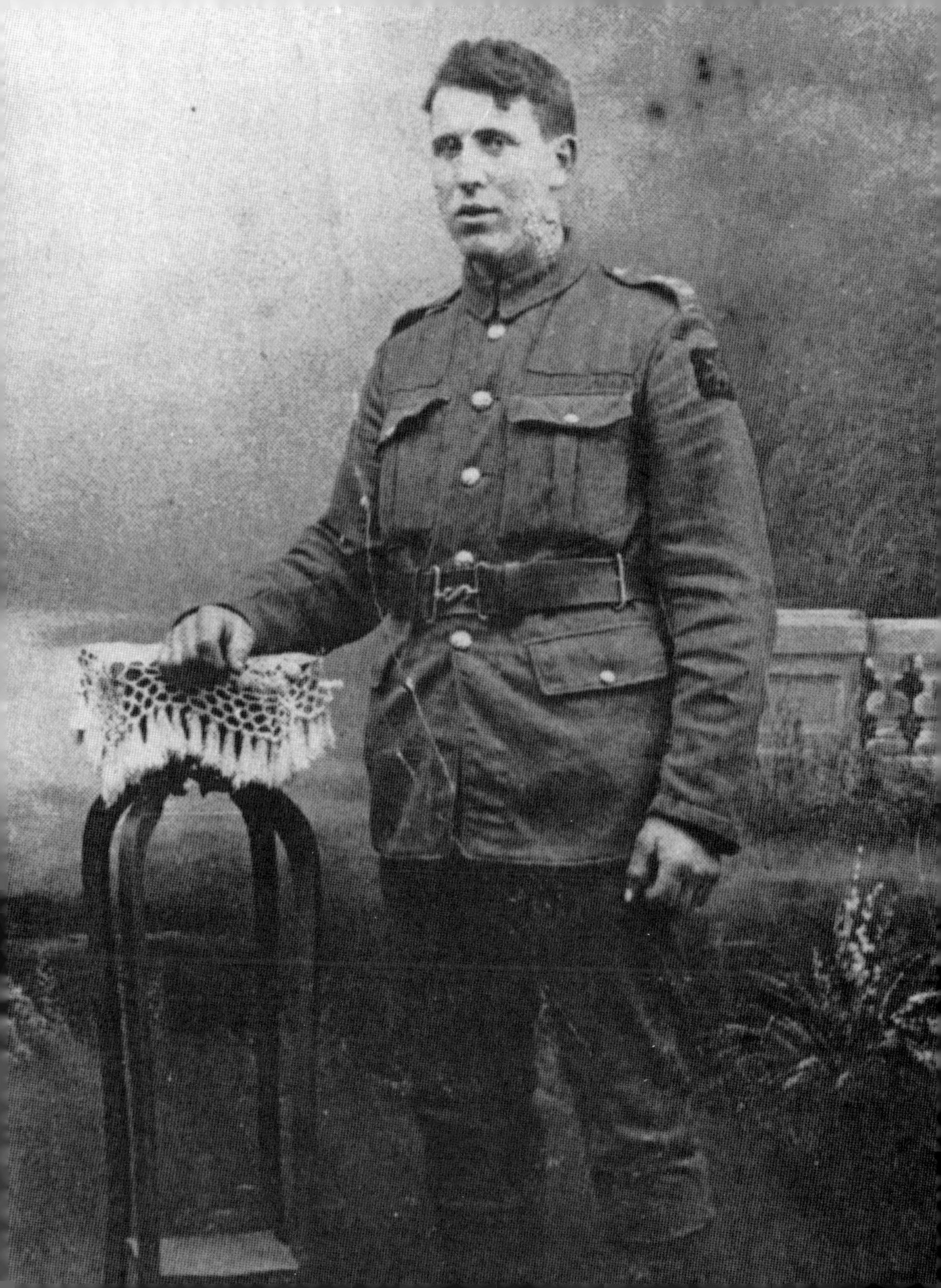

Litherland a Ffrainc

Roedd drafft o'r awdl ganddo yr holl amser y bu yn Litherland. Yn ôl J. D. Richards, yr oedd wedi llunio rhwng 300 a 400 o linellau ohoni cyn ymuno â'r fyddin, ond rhaid cofio i'r bardd lunio sawl drafft o'r awdl, gan hepgor darnau a phenillion cyfain wrth geisio'i diwygio a'i gwella. Yn ôl William Morris, ar ôl ymuno â'r fyddin 'y cyfansoddodd ef y rhan helaethaf o'i awdl', ac mewn man arall dywed fod 'hanner ei gân ar y gweill' cyn iddo ymuno â'r fyddin; ac yn ôl J. B. Thomas yr oedd 'yr hanner olaf o'i awdl' heb ei lunio pan oedd yn Litherland. Felly, ar ei hanner, mwy neu lai, yr oedd yr awdl ganddo pan aeth i Litherland. Ond, at ei gilydd, lle diawen oedd Litherland iddo, er i J. B. Thomas ddweud:

> After parades, he used to spend the greater part of his time in his hut (NO. 79) and often times when I used to go in to see him, his mind was with the muses …

Ni ddôi barddoni'n rhwydd iddo yn y gwersyll. Ysgrifennodd at J. D. Richards 'yn ymyl Gwyl Ddewi' 1917:

> Pa beth sydd gennych chwi ar y gweill rwan? Nid wyf fi wedi rhoi llinnell at 'Yr Arwr' er y dois yma, ond hwyrach caf gyfle toc.

Fe ddaeth y cyfle hwnnw, a thrwy J. B. Thomas y daeth yn bennaf. Yn ei eiriau ef ei hun:

He had in his possession, during his entire training period at Litherland, a draft of 'The Hero', the poem which he had begun to write for the 1917 National Eisteddfod. According to J.D. Richards, he had written between 300 and 400 lines of the poem before enlisting, but, it must be remembered, he wrote several drafts of the poem, revising and improving it continuously. According to William Morris, Hedd Wyn wrote most of the poem after enlisting, but he also said that he had begun working on it long before joining up. J.B. Thomas said that the latter half of his poem had yet to be written when he was at Litherland, but the camp was not congenial to writing poetry, in spite of J.B. Thomas' assertion:

> After parades, he used to spend the greater part of his time in his hut (NO. 79) and often times when I used to go in to see him, his mind was with the muses ...

In actual fact, he found it very difficult write. He wrote to J.D. Richards at the beginning of March, 1917:

> What are you working on at the moment? I haven't added a single line to 'The Hero' since arriving here, but perhaps an opportunity will soon present itself.

And it was J.B. Thomas himself who was mainly responsible for giving his friend such an opportunity:

Litherland a Ffrainc

Roedd Hedd Wyn wedi tynnu J. B. Thomas i mewn i'w gyfrinach ynghylch ei fwriad i gystadlu yn Eisteddfod Birkenhead. Pan ddaeth galwad ym Mawrth 1917 am weithwyr fferm a phobl i drin y tir, cyfrifoldeb J. B. Thomas oedd paratoi'r rhestr o ddynion a oedd yn meddu ar brofiad amaethyddol ar gyfer ei benaethiaid, a rhoddodd enw Hedd Wyn ar frig y rhestr.

Yn ystod yr wythnosau hynny o egwyl gartref yn Yr Ysgwrn, gweithiodd yn ddi-baid ar 'Yr Arwr'. 'Rhaid fu iddo aros hamdden ei wythnos "leave" olaf, cyn myned i Ffrainc, i orffen yr awdl,' meddai J. D. Richards, ond wythnosau o *leave* yn hytrach nag wythnos a gafodd. Er iddo gael yr wythnosau hyn i weithio ar y gerdd, roedd yn dechrau anobeithio yn ei chylch erbyn hyn, a bu'n rhaid i eraill ei swcro a'i hybu ymlaen. Roedd Hedd Wyn, meddai J. D. Richards, yn ystod yr wythnosau olaf hynny o fod gartref, 'bron rhoddi i fyny y gallai anfon dim i'r gystadleuaeth; eithr gwedi ei daer gymell i ddal ati ymwrolodd i ganu drachefn'. Ceisiodd Jini Owen ei gymell i ddygnu arni hefyd. 'Fedra' i ddim rhoi fy meddwl ar yr awdl,' meddai wrthi. Roedd y fyddin yn gormesu'i feddwl yn barhaol ar y pryd. Ceisiodd Jini ei berswadio i fwrw iddi drachefn, ac, er ei mwyn hi, cydsyniodd Hedd Wyn, er ei fod yn amheus iawn ar y pryd y gallai ei chwblhau cyn y dyddiad cau. Er na lwyddodd i gwblhau'r awdl yn ystod yr wythnosau hynny, roedd y gerdd bron â bod yn orffenedig, a chyfnod o ryddhad oedd y cyfnod hwnnw, cyn dychwelyd i Litherland. Meddai J. B. Thomas:

Hedd Wyn had confidentially told J. B. Thomas of his intention to compete at the Birkenhead Eisteddfod. When a call for ploughmen and farm-workers came in March 1917, it was J. B. Thomas' responsibility to prepare a list of men who had farming experience for his superiors, and he placed the poet's name first.

During those weeks of leave at home, he worked incessantly on 'The Hero'. 'He had to wait for his last week of leave, before departing for France, to complete the poem,' according to J. D. Richards, but he was on leave for several weeks, not a single week. Although presented with an ideal opportunity to work on the poem, he was beginning to become despondent, and others had urge him onwards, such as his friend J. D. Richards. He said that during those last weeks of leave Hedd Wyn had almost abandoned the idea of entering the competition; but, encouraged by his friends, he continued to work on the poem. Jini Owen also endeavoured to encourage him, but he told her that he found it extremely difficult to concentrate on the poem. The thought of returning to Litherland, back to the strict and rigid regularity of army life, weighed heavily on his mind. Jini continued to encourage him, and it was for her sake that he finally agreed to persevere with the poem, but, with the closing date drawing nearer and nearer, he didn't think it was possible to complete it in time. Despite his failure to complete the poem during those few weeks of leave, he nearly succeeded, and that short period at home, before returning to Litherland, was a period of great relief. J. B. Thomas remembered Hedd Wyn returning to camp:

I... his agricultural furlough, which lasted about six or seven weeks, came as a blessing to him in this respect, for it was during this period at his home that he wrote his masterpiece "Yr Arwr". He returned to camp on May 11th looking extremely satisfied, and then he told me that he had spent the whole of his time on the Awdl. It only required the finishing touches to be properly completed. Two days after returning, he was moved to another part of the camp to NO. 4 Coy, from which company, eventually, he was drafted out to France (June 9th). I still kept in touch with him while he was in that Company and we often used to meet in the YMCA.

Yn ystod un o'r cyfarfyddiadau hyn rhwng y ddau, gofynnodd Hedd Wyn i J. B. Thomas gyflawni'r gorchwyl yr arferai William Morris ei gyflawni iddo, sef ysgrifennu'r awdl drosto:

> Ar ôl mynd adref ysgrifennais yr awdl gan ofalu am yr atalnodau. Yn union wedi dychwelyd euthum i chwilio amdano, ond er mawr siom deellais ei fod wedi ymadael gyda'r drafft i Ffrainc y noson cynt ... Ymhen ychydig ddyddiau derbyniais lythyr oddi wrtho, o rywle yn Ffrainc, yn gofyn imi anfon yr awdl iddo yno ... Anfonais hi, a chlywais gan gyfeillion wedyn sut y derbyniodd hi. Yr oedd ar y pryd yn eistedd yng nghadair y barbwr; daeth y postman i mewn, ac estyn iddo amlen hir yn cynnwys yr awdl. Dywedir iddo neidio allan o'r gadair, gan anghofio'r cwbl am dorri'i wallt, a llamu gan lawenydd wrth ei derbyn. O Ffrainc yr anfonodd hi i'r ysgrifennydd ychydig wedi'r amser penodedig, ond fe'i derbyniwyd i'r gystadleuaeth.

Yr oedd J. B. Thomas dan yr argraff yn ystod Eisteddfod Genedlaethol 1917, ac am flynyddoedd wedi hynny, mai'r copi o'r awdl a oedd yn ei lawysgrifen ef a anfonwyd i'r gystadleuaeth o Ffrainc, ond nid felly y bu hi. Roedd gan Hedd Wyn o leiaf dri fersiwn gwahanol o'r awdl gydag ef yn Yr Ysgwrn cyn iddo ddychwelyd i Litherland ar Fai 11. Gadawodd ddau o'r drafftiau hyn ar ôl yn Yr Ysgwrn, ac aeth â chopi arall gydag ef. Rhoddwyd y ddau gopi a adawyd ar ôl i William Morris gan fam y bardd, a

Hedd Wyn asked J. B. Thomas if he would write out a new copy of the poem for him:

> After I went home I copied the poem, taking great care with the punctuation. Immediately on my return to camp, I went to look for him, but, to my great dismay, I was informed that he had been sent with the draft to France on the previous night ... A few days later, I received a letter from him, sent from somewhere in France, asking me to forward my copy of his poem to him. I sent it, and friends told me how he received it. He was sitting at the time in a barber's chair; the postman came in, and gave him the envelope in which the poem was enclosed. He leapt out of the chair immediately, forgetting everything about cutting his hair, jumping for joy on receiving it. He sent it to the secretary [of the National Eisteddfod] from France a little after the closing date, but it was accepted for the competition.

J. B. Thomas was under the impression at the 1917 Birkenhead Eisteddfod, and for years afterwards, that it was his handwritten copy that was sent to the competition from France, but it was a wrong assumption. Hedd Wyn had at least three different versions of 'The Hero' with him at Yr Ysgwrn before returning to Litherland on May 11. He left two copies behind, and took a third copy with him. The poet's mother gave those two copies to William Morris, and both were presented,

Litherland a Ffrainc

throsglwyddodd y ddau, yn y man, i Lyfrgell Coleg y Gogledd. Y copi a gynhwysai'r fersiwn diweddaraf o'r awdl oedd yr un a roddwyd i J. B. Thomas i'w gopïo. Rhaid bod J. B. Thomas wedi anfon y ddau gopi o'r awdl, sef copi gwreiddiol Hedd Wyn a'r copi yn ei lawysgrifen ef, at Hedd Wyn i Ffrainc. Nid y copi yn llaw J. B. Thomas, fodd bynnag, a anfonwyd i'r gystadleuaeth. Gwyddai J. D. Richards hynny ym 1918:

> O law Hedd Wyn ei hun bellach, fel y gwyddom, yr aeth yr awdl yn ei hol o Ffrainc dros y culfor bradwrus i Firkenhead, – gyda'r ffugenw, beth bynnag arall a newidiwyd arni, wedi ei newid. Pam y rhoes y ffugenw "*Fleur-de-lis*" yn lle "Y Palm Pell" wrth y cyfansoddiad, yn awr nis gwyddom …

Efallai, hefyd, iddo fynd â chopi arall o'r awdl gydag ef i Ffrainc, rhag ofn y byddai i'r copi a oedd yng ngofal J. B. Thomas fynd ar goll. Rhaid ystyried y posibilrwydd hwnnw. A fyddai, hyd yn oed gan gofio am ei flerwch a'i esgeulustod cynhenid, yn mentro gadael ei brif gopi yng ngofal J. B. Thomas, ac yntau yn Ffrainc a'r dyddiad cau yn prysur nesáu? Fodd bynnag, aeth copi J. B. Thomas ar goll, yn 'rhywle yn Ffrainc'. Mae'n debyg mai defnyddio copi J. B. Thomas fel rhyw fath o ganllaw a wnaeth. Efallai ei fod yn credu iddo gwblhau'r awdl pan roddodd ei brif gopi i J. B. Thomas, ac iddo sylweddoli wedyn fod angen newidiadau eto. Y gwir yw iddo newid, diwygio ac ychwanegu hyd at y funud y rhyddhaodd hi o'i afael yn derfynol.

eventually, to the North Wales University College Library. J. B. Thomas was given the most recent version of the poem at the time to copy. He must have sent both copies of the poem, Hedd Wyn's original copy and his own handwritten copy, to France. However, it wasn't J. B. Thomas' copy which was sent to the competition. As J. D. Richards wrote in 1918:

> It was Hedd Wyn himself, as we know, who sent the poem back over the treacherous ocean to Birkenhead, – with the pseudonym changed, but we don't know what else was changed. Why did he attach the pseudonym "*Fleur-de-lis*" instead of "The Distant Palm" to the work, we don't know …

It is also possible that he took another copy of the poem with him to France, in case J. B. Thomas' copy should be lost. This possibility has to be considered. Forgetting his typical untidiness and negligence for a moment, would he have left the main copy of his poem with J. B. Thomas, while he was far away in France and the closing date fast approaching? However, J. B. Thomas' copy was lost 'somewhere in France'. He may have used J. B. Thomas' copy as a guideline. Thinking, probably, that he had actually finished his poem, he gave the main copy to J. B. Thomas, and then realised that changes were still needed. The truth is that he revised and altered the poem right up to the very end, until he had to send it to Birkenhead.

Litherland a Ffrainc

Anfonodd lythyr (diddyddiad) o 'Rowen. France', sef Rouen, wrth gwrs, at ei gyfaill Morris Evans, gan ddweud ynddo:

> Nid wyf wedi cwblhau fy awdl eto – ond os caf garedigrwydd y dyfodol mi geisiaf wneud.

Hyd yn oed os credai iddo gwblhau'r awdl yn derfynol pan roddodd gopi ohoni i J. B. Thomas, yr oedd wedi sylweddoli'n fuan iawn ar ôl hynny fod angen rhywfaint yn rhagor o newidiadau arni. Mae'n werth dyfynnu'r rhannau eraill o'r llythyr, gan ei fod yn croniclo'r argraffiadau cyntaf a adawodd Ffrainc arno, yn ogystal ag awgrymu ei hiraeth am Drawsfynydd a'i agwedd at y rhyfel:

> Tywydd anarferol o boeth ydyw hi yma rwan, ac mae tunelli o ddiogi yn dod trosof bob canol dydd. Tywydd trymaidd, enaid trymaidd a chalon drymaidd, dyna drindod go anghysurus onid e?
>
> Wel, ni welais erioed gymaint o filwyr o'r blaen – na gwlad mor dlos er gwaethaf y felldith ddisgynodd arni ...
>
> Cefais olygfa werth edrych arni wrth ddod yma – y bore yn torri ymhell a minnau o'r mor yn cael yr olwg gyntaf ar Ffrainc rhwng colofnau o niwl.

Ymadawodd Hedd Wyn â Litherland, fel y gwelwyd, ar Fehefin 9. Y mae peth dirgelwch wedi bod hefyd ynglŷn â'i symud o Litherland i Ffrainc. Yn ôl William Morris ym 1918:

In an undated letter from 'Rowen. France' to his friend Morris Evans, he said:

> I haven't finished my poem yet – but if the future is kind to me, I will try to do so.

Even if he did believe that he had completely finished the poem when he gave a copy to J.B. Thomas, he soon realised that it needed more amendments. It's worth quoting other extracts from the letter, as it conveys his first impressions of France, his longing for Trawsfynydd and his attitude towards the war:

> The weather here is unusually hot at present, and every day at noon I am completely overwhelmed by lethargy. Heavy weather, a heavy soul and a heavy heart, that's quite an uncomfortable trinity, isn't it?
>
> Well, I have never seen so many soldiers – nor such a beautiful country, in spite of the curse that has fallen upon it.
>
> I saw a sight which was well worth seeing on my voyage over, the dawn breaking far in the distance as I was given my first glimpse of France through columns of mist.

Hedd Wyn left Litherland, as previously stated, on June 9. His departure from Litherland to France has always been

'Arhosodd yn rhy hwyr … cyn dychwelyd i Litherland yn yr haf, ac hwyrach mai dyna barodd ei symud mor fuan i Ffrainc'.

Y mae tystiolaeth Silyn yn dilyn yr un trywydd:

a matter of conjecture. William Morris wrote in 1918: 'He remained at home too long … before returning to Litherland in the summer, and perhaps that is the reason why he was immediately sent to France'.

R. Silyn Roberts offered similar evidence:

He had not received more than three months' actual training; he had joined up at the end of January and had been released again for two months to help his father with the ploughing ... His mind at the time was full of the great ode to *The Hero* ... Intent on his vision he dared to outstay his leave by two days, and as a punishment was promptly sent out to the front. Hell's juggernaut had no use for poetry.

Litherland a Ffrainc

Cyfeirir yma at benwythnos o *leave* a gafodd ar ddechrau Mehefin, sef ei ymweliad olaf â'r Ysgwrn. Fodd bynnag, nid oes unrhyw sail i'r stori hon i'r fyddin ei gosbi am iddo ddychwelyd i'r gwersyll yn hwyr. Yn ôl Enid Morris dychwelodd yn brydlon i Litherland. Casglwyd ynghyd a symudwyd miloedd o filwyr i Ffrainc a Fflandrys yn ystod misoedd haf 1917, ar gyfer Trydydd Cyrch Ypres, ac un o blith y miloedd hyn oedd Hedd Wyn.

Erbyn yr ail wythnos ym Mehefin roedd Hedd Wyn yn Rouen yn Ffrainc. Yn Rouen ceid gwersyll hyfforddi a elwid y '5th Infantry Base Depot', a'r drefn arferol oedd anfon y milwyr o Litherland i Rouen, i dderbyn rhagor o hyfforddiant. Rhaid oedd teithio o Lerpwl i Southampton, croesi ar long wedyn, a glanio yn Le Havre yn Ffrainc, nid nepell o Rouen, Mae'n sicr mai dyma'r modd y cyrhaeddodd Hedd Wyn Rouen. Roedd y gwersyll hwn ar ymyl coedwig o binwydd, tua dwy filltir o bellter o dref Rouen ei hun. Bu Hedd Wyn yn Rouen am y rhan fwyaf o fis Mehefin, oherwydd gwyddom iddo ymuno â'i gatrawd ym mhentref Fléchin, ar y ffin rhwng Ffrainc a Gwlad Belg, ar Orffennaf 1. Un o'r rhai a oedd gyda Hedd Wyn yn Rouen oedd Fred Hainge, o Arthog, a fu gydag ef yn Litherland hefyd. Mae'n debyg mai o Rouen yr anfonodd Hedd Wyn ei lythyr enwog o 'Rywle yn Ffrainc' ar Fehefin 25, 1917. Cyhoeddwyd y llythyr hwnnw, a anfonwyd at un o drigolion Trawsfynydd, H. O. Evans, yn rhifyn Gorffennaf 7 o'r *Rhedegydd*.

Mae'n debyg nad oes eisiau i mi ddweud wrthych pwy ydwyf wrth ddechrau fy llythyr yma, oherwydd bydd ei

Litherland and France

Silyn is referring to a fortnight's leave granted to Hedd Wyn at the beginning of June, when he saw his home for the very last time. However, the story that he was punished by the army for outstaying his leave was a mere fabrication. According to Enid Morris, he promptly returned to Litherland. Hordes of troops were dispatched to France and Flanders during the summer months of 1917, to participate in the Third Battle of Ypres, Hedd Wyn amongst them.

By the second week of June, Hedd Wyn was at Rouen in France. A training camp known as the '5th Infantry Base Depot' was situated at Rouen, and usually troops were sent from Litherland to Rouen, to receive further training. Travelling from Liverpool to Southampton, they would board ship at Southampton, cross over to France, and arrive at Le Havre, near Rouen. The camp was situated near a pine forest, at a distance of two miles or so from the town of Rouen. Hedd Wyn remained there for most of June. On July 1, he joined his battalion at Fléchin, a small village on the border between France and Belgium. One of his comrades at Rouen, and also at Litherland, was Fred Hainge, from the village of Arthog in Merionethshire. Hedd Wyn's famous 'Somewhere in France' letter was probably written at Rouen. The letter, written on June 25, 1917, and addressed to H.O. Evans, an inhabitant of Trawsfynydd, was published in the July 7 issue of *Y Rhedegydd*.

> I probably won't have to tell you who I am as you begin to read my letter, because its untidiness will answer for

Litherland a Ffrainc

aflerwch yn ateb drostaf. Yn gyntaf dim 'r wyf yn disgwyl eich bod yn dal i wella; wel 'rwyf fi yn byw mewn lle doniol iawn 'rwan, ac anodd enbyd i chwi yw gwybod pa beth ydych yma, – yr ail ddiwrnod ar ôl i mi gyrraedd yma, 'r oedd dau hogyn yn cerdded yn araf rhwng y tentiau yn y gwres, a dyma'r ddau yn dweud wrth fy mhasio – "Well Kidd", ond drannoeth ar y parade dyma'r swyddog yn gofyn i mi ymysg eraill – "Well Man did you shave this morning," ynte'r swyddog ai'r hogiau oedd yn iawn, cewch chwi ddweud. Hefyd 'r wyf wedi digwydd disgyn mewn lle llawn o brofiadau rhamantus ac anghyffredin, – pan oedd tri neu bedwar ohonom yn cwyno ar y gwres, daeth hen filwr wynebfelyn heibio a dyma fo'n dweud – "Wel peidiwch a cwyno boys bach, beth petae chwi yn Soudan erstalwm 'r un fath a fi, 'r oedd gennyf helmet bres ar fy mhen, a phlat pres ar fy mrest a rhywbryd tua dau o'r gloch i chwi, gwelwn rhywbeth yn llifo hyd fy nhrowsus ac erbyn edrych 'r oedd yr helmet a'r plat yn brysur doddi, beth ydych chwi yn cwyno boys bach."

Mae yma wlad ryfeddol o dlos yn y rhannau a welais i hyd yn hyn, – y coed yn uchel a deiliog, a'u dail i gyd yn ysgwyd, crynu a murmur, fel pe baent yn ceisio deud rhywbeth na wyddom ni am dano, neu fel pe bai hiraeth siomedig o Gymru yn dod yn ôl yn athrist ar ôl methu cael hyd i rywun sy'n huno yn "Rhywle yn Ffrainc". Gwelais yma lwyni o rosynnau, 'r oedd gwefusau pob rhosyn mor ddisglair a gwridog a 'thai myrddiwn o gusanau yn cysgu

itself … At the moment I am living in a very strange place, and it's very difficult to know what you are here. The second day after my arrival, two lads were walking slowly between the tents in the heat, and they said as they went past, 'Well, kid.' But the next day on parade the officer asked me, amongst others, 'Well, man, did you shave this morning?' Whether the two lads or the officer was right, I'll leave it to you to decide. Also I've reached a place which is full of romantic and unusual experiences. When three or four of us were complaining about the heat, a veteran with a yellow complexion came by and said: 'You've no cause to grumble, lads. What if you were in the Sudan as I was some years ago. I had a bronze helmet on my head and I wore a bronze breastplate, and sometime around two o'clock, I could see something running down my trousers, and when I looked I saw that the helmet and the breastplate were melting rapidly, so what have you got to complain about!'

Litherland and France

This is a very beautiful country from what I have seen of it up to now – the trees high and full-leafed, and their leaves shaking, quivering and murmuring, as though they were trying to say something mysterious, or as though some nostalgic spirit from Wales was returning sadly after failing to find someone who is lying in a grave 'Somewhere in France'. I saw some rosebushes, and the lips of every rose so bright and crimson that it seemed as though a myriad kisses slept in them; and because the

Litherland a Ffrainc

ynddynt, a chan fod y tywydd mor hyfryd ceir yma olygfa dlos tuhwnt yn oriau y machlud a'r haul yr ochr draw i fataliwnau o goed yn myned i lawr mor odidog a hardd ag angel yn myned ar dân. Ymhen ennyd gwelid llen denau o liw gwaed tros y gorwel a rhyw felyndra tebyg i liw briallu wedi eu gyfrodeddu ynddi, ond y peth tlysaf a welais i hyd yn hyn oedd corff hen 'shell' wedi ei droi i dyfu blodau: 'r oedd coeden fechan werdd yn cuddio rhan uchaf yr hen 'shell' a naw neu ddeg o flodau bychain i'w gweled cyd-rhwng y dail yn edrych mor ddibryder ag erioed. Dyma i chwi brawf fod tlysni yn gryfach na rhyfel onide?, a bod prydferthwch i oroesi dig; ond blodau prudd fydd blodau Ffrainc yn y dyfodol, a gwynt trist fydd yn chwythu tros ei herwau, achos fe fydd lliw gwaed yn un a sŵn gofid yn y llall.

Mae yma lawer math o bobol i'w gweled o gwmpas yma, gwelais lawer o Rwsiaid a difyr yw cael hamdden i edrych ar y rhai hyn, a gwybod eu bod yn dystion o dragwyddoldeb eisoes, – eu gwlad, eu caethiwed hen, a'i deffro sydyn. Mae yma Indiaid lawer hefyd, eu gwalltiau fel rhawn, a thywyllwch eu crwyn yn felynddu, a'u dannedd fel gwiail marmor, a dylanwad eu duwiau dieithr ar bob ysgogiad o'u heiddo. Gwelais garcharorion Almanaidd hefyd, 'roedd cysgod ymerodraeth fawr yn ymddatod yn eu llygaid, a haen o dristwch yn eu trem. Nid wyf fi wedi cyrraedd at berygl eto, ond yng nghanol nos byddaf yn clywed sŵn y magnelau fel ochneidiau o bell, hwyrach

weather here is so fine, the sunset is a beautiful spectacle, with the sun on the far side of the battalions of trees setting as beautiful as an angel of fire. Soon after, a thin veil the colour of blood can be discerned over the horizon, with a yellowness like the colour of primroses woven into it; but the most beautiful thing I have seen since coming here is an old shell-case that had been adapted to grow flowers: a small green plant hid the upper half of the old shell, and nine or ten small flowers could be seen between the leaves. And doesn't that prove that beauty is stronger than war, and that loveliness will outlive the sadness? But the flowers of France in the future will be flowers of sadness, and a sad wind will blow over the land, because the flowers will be of the colour of blood and the wind will be full of the sound of mourning.

There are many kinds of people to be seen here. I have seen many Russians, and it is amusing to watch them, knowing that they have already witnessed eternity – their country, its ancient bondage and its sudden awakening. There are many Indians here also, with hair like a horse's mane, a dark, yellow-black complexion and teeth as white as marble, and the influence of their strange gods on every thing they do. I also saw some German prisoners, with the shadows in their eyes reflecting the disintegration of a great empire. I haven't reached danger yet, but in the middle of the night I can hear the distant rumble of artillery guns. Perhaps I'll have more

Litherland and France

y caf fwy o hamdden a phrofiad i ysgrifennu fy llythyr nesaf. Cofiwch fi at bawb yn eich tŷ chwi ac o gwmpas.

Yr eiddoch fel arfer,
Hedd Wyn

Litherland a Ffrainc

Erbyn dechrau Gorffennaf roedd Hedd Wyn yn Fléchin, lle bu'n ymarfer ac yn ymddullio gyda'i gatrawd am bythefnos gyfan, hyd at Orffennaf 15. Yn Fléchin, rywbryd cyn Gorffennaf 15, y cwblhaodd ei awdl. Yn ôl J. D. Richards:

> … credwn mai yn Ffrainc, rywle y "tuallan i'r gwersyll" yno, y rhoddes y bardd y cyffyrddiadau olaf i'w awdl …

Clywodd tad y bardd gan eraill am y modd y ceisiai ei fab gwblhau'r awdl yn Ffrainc, gan fachu ar bob cyfle posibl i weithio arni. Ceir y dystiolaeth honno mewn llythyr a anfonodd at Silyn ar Chwefror 11, 1918:

Annwyl Gyfaill,

Mae yn dda genyf eich bod wedi darllen "Awdl yr Arwr," ac wedi ei dealld hefyd, ond mae genych chwi fantais ar lawer oherwydd yr ydych wedi bod yn ei glorianu lawer gwaith o'r blaen. Y peth sydd yn fy synu fwyaf yw ei fod wedi cynyrchu gystal Awdl, ar Fyddin ai gwinedd yn ei

leisure and will have gained more experience to write my next letter. My regards to you and your family, and to everyone else back home.

Yours, as usual,
Hedd Wyn

Litherland and France

By the beginning of July Hedd Wyn was at Fléchin, where he trained with his battalion for a whole fortnight, until July 15. It was at Fléchin, sometime before July 15, that he completed his poem for the Birkenhead Eisteddfod. According to J. D. Richards:

> … we believe that the poet put his finishing touches to his poem in France, somewhere outside the camp there …

Months after, the poet's father was told by others of how his son was trying to complete his poem on the roadside in France, seizing every opportunity possible to work on it, as his letter to R. Silyn Roberts on February 11, 1918, testifies:

Dear Friend,

I am glad that you have read 'The Hero', and, also, that you have understood it, but you have an advantage over others, as you were familiar with his work as an adjudicator at various eisteddfodau. What surprises me

war ar hyd y ramser, fe gafodd rhyddhad yn y diwedd cyn iddo fyned drosodd i F[f]rainc am bedwar diwrnod, a mi nath 250 ohoni, a hyn sydd yn arw genyf ei fod ar ochr y Ffordd yn F[f]rainc yn trio ei gorffen yr oedd wedi penderfynu ei gorffen.

Litherland a Ffrainc

Yn yr un llythyr ceir y frawddeg dorcalonnus hon: 'Mae yma hiraeth creulon ar ei ôl o hyd, a lenwir mor bwlch chwaith'.

Gadawodd Hedd Wyn a'i gyd-filwyr Fléchin ar Orffennaf 15, gan symud yn raddol i gyfeiriad maes y gad. Symudwyd trwy bentref Steenbecque ar Orffennaf 16, trwy St Sylvestre-Cappel ar Orffennaf 17, Proven ar Orffennaf 18, Abbey St Sixtus ar Orffennaf 19, a chyrraedd y ddau wersyll ar lannau Camlas Yser, sef y rhan a elwid Yser-Yperlee, ar Orffennaf 20. Gelwid y ddau wersyll hyn yn 'Dublin Camp' a 'Canal Bank'.

Treuliodd Hedd Wyn ddyddiau olaf ei fywyd, llai na phythefnos, yn y ddau wersyll hyn yn ymyl Camlas Yser. Ceir disgrifiadau gwych o aelwyd y milwyr ar lannau'r gamlas gan Uwchgapten W. P. Wheldon yn rhifyn Mawrth 1919 o *The Welsh Outlook*. Mewn mannau, y gamlas hon yn unig a weithredai fel ffin rhwng y Prydeinwyr a'r Almaenwyr, yn enwedig yng nghyffiniau Boesinghe. Roedd ochr ddwyreiniol y gamlas yn nwylo'r gelyn, a'r ochr orllewinol yng ngafael y Prydeinwyr, gyda llinell flaen y Prydeinwyr uwchlaw'r gamlas, a'r gamlas y tu ôl iddynt. Dyma ddisgrifiad W. P. Wheldon o'r 'Canal Bank' yn Ypres:

most of all is that he produced such a good poem, with the Army digging its claws into the nape of his neck all the time, he had some respite in the end, for four days, before he was sent over to France, and he wrote 250 lines, and what distresses me is that he was trying to finish it on the roadside in France, he was determined to finish it …

He adds, poignantly: 'There is a cruel longing here without him, and the void will never be filled'.

Hedd Wyn and his battalion left Fléchin on July 15, and marched through the village of Steenbecque on July 16, St Sylvestre-Cappel on July 17, Proven on July 18, Abbey St Sixtus on July 19, reaching the two camps on the banks of the Yser, at a location known as Yser-Yperlee, on July 20. These two camps were known as 'Dublin Camp' and 'Canal Bank'.

Hedd Wyn spent the last days of his life, less than a fortnight, at these two camps near the Yser Canal. The camp on the canal bank was vividly described by Major W. P. Wheldon in the March 1919 issue of the *The Welsh Outlook*. At some parts, only the canal served as a boundary between the British and the German troops, especially in the Boesinghe region. The eastern side of the canal was held by the enemy, and the western side occupied by British troops, with the British front line situated immediately above the canal, and the canal to their rear. This is how W. P. Wheldon described the 'Canal Bank' at Ypres:

"... the canal bank was a very important place indeed, and if the salient was to be held at all, the enemy must not cross the canal. On the left (Boesinghe Front), the canal bank was the fighting front line, not the support line, and its chief interest by now lies in some highly successful raids made, despite the canal, both by our own men and by the enemy, and the splendid crossing of the canal by the Guards on the 30th July, 1917. ¶ On the right, the canal and its two banks, have much more permanent interest. It will be gathered from what has already been said that there were four battalions of men resting there in turns, In addition, there were many more permanent troops; the Staffs of the Brigades, the troops of the R. E. Field Companies, and other oddments, such as tunnelling companies. It was a town with all the variety and interest of a densely populated industrial area, which in many respects it greatly resembled.

Litherland a Ffrainc

Erbyn wythnos olaf Gorffennaf 1917, roedd yr ymarfer a'r ymddullio, y chwarae milwyr, ar ben i Hedd Wyn a'i gymrodyr, a chafodd y bardd y profiad uniongyrchol o filwra ar adeg o ryfel ar lannau'r gamlas. Mae gennym syniad gweddol gywir o'r modd y treuliodd ei ddyddiau olaf yn ymyl y gamlas hon, a'r gorchwylion a'r dyletswyddau y bu'n rhaid iddo'u cyflawni, oherwydd fe gofnodwyd gweithgareddau'i gatrawd yn Nyddiadur Rhyfel Pymthegfed Fataliwn y RWF, a gedwir yn Amgueddfa'r Ffiwsiliwyr Brenhinol Cymreig yng Nghaernarfon. Dyma rai o'r cofnodion hynny:

By the end of July 1917, with their period of intense training now at an end, the poet and his comrades had their first real experience of trench warfare on the canal banks. We have a fairly complete record of the way in which he spent his final days, as his battalion's activities have been documented in the unpublished typescript, 'War Diary, 15th Battalion, Royal Welch Fusiliers', kept at the Royal Welch Fusiliers Museum at Caernarfon:

DUBLIN CAMP & CANAL BANK

23rd

Inspection parades during morning. Afternoon packing up & dumping of stores & packs ready for the line. At 6 PM the Battalion paraded in fighting kit to march to TUGELA FARM where the BN. assembly trenches for the offensive were to be dug. The trenches having been roughly marked out by the C.O. & an advance party the work was proceeded with & three lines of trenches 4ft × 2ft. at about 100yds distance were dug & camouflaged. Gas shells were sent over by the enemy during the night. BN. relieved the 16th BN. R.W.F in reserve. Relief complete 11.15 PM Weather fine.

CANAL BANK

24th

Various fatigues during the day. At 11.30 AM C.O.'s Conference with officers of B. Q. A. & B. Coys. to explain scheme & revised times for the daylight raid. Several of BN. officers & men suffering from the effects of gas shells sent over the night before. Nearly all these were eye cases, the gas having got in & blinded the majority of the men. The 50% officers & men not going into action were sent down to Transport Line in the evening. Weather fine.

25th

At 9 AM the barrage opened for the raid; at 9 AM the raiders advanced towards the German trenches. Little opposition was encountered in the 1st line but the enemy were occupying the 2nd & the party returned leaving 2nd LT. Lloyd & 15 O.R. in the hands of the enemy. Weather morning wet, afternoon fine.

26th

Nothing of importance to record. Shelling less severe than on previous days. Gas shells discharged during the night. Weather dull.

FRONT LINE

27th

On the 27th July 1917 information was received that the enemy was falling back & the brigade was ordered to carry out a reconnaissance to ascertain if the information was correct. A. Coy. 15th BN. R.W.F. was entrusted with this duty. They went forward & reached almost to CACTUS. JUNC. but met with considerable opposition & for the most part were either killed or wounded. Weather fine.

DUBLIN CAMP

28th

The BN. moved from the trenches to DUBLIN CAMP where a reorganisation of the BN. was made by the C.O. The BN. remained in camp till the afternoon of the following day when it proceeded back to the line for the attack. Weather fine.

29th

Rest in Dublin Camp during the day. The C.O. held a conference of Officers & N.C.O's in the afternoon when the latest & revised details of the attack were fully explained to all concerned. BN. paraded at 7 PM to march to ROUSELL FARM. Weather fine.

30th

BN. rested during the day in camp & paraded at dusk to move into the assembly trenches which were duly reached & entered without any eventful happenings.

Gydag Awr Sero yn prysur nesáu, roedd Hedd Wyn, Fred Hainge a Simon Jones, ynghyd â miloedd o rai eraill yr aeth eu haberth heibio a'u hwynebau'n angof, wedi cyrraedd y ffosydd ymgynnull i aros eu tynged.

Litherland a Ffrainc

With Zero Hour fast approaching, Hedd Wyn, Fred Hainge and Simon Jones, along with thousands of other young men who were sacrificed in vain and whose faces have long been forgotten, reached the assembly trenches to await their fate.

Litherland and France

PENNOD 4

Brwydr Cefn Pilkem

Dyddiau o baratoi gogyfer â'r frwydr fawr oedd y dyddiau a arweiniai at Orffennaf 31, 1917. Am ddeng niwrnod cyfan, o Orffennaf 22 ymlaen, bombardiwyd safleoedd y gelyn. Saethwyd pedwar miliwn a chwarter o dân-belenni i diriogaeth yr Almaenwyr yn ystod y deng niwrnod, gan 3,091 o ynnau, 999 o'r rheini yn ynnau trymion. Pan fyddai'r bombardio'n dod i ben byddai'r frwydr yn cychwyn. Gorfodwyd yr Almaenwyr i symud eu gynnau mawr i safleoedd diogelach gan y bombardio. Yr oedd y ddwy ochr yn prysur ddarparu ar gyfer y frwydr a oedd i ddod. Roedd y *salient* yn Ypres yn ferw o symudiadau a gweithgareddau yn ystod y dyddiau a arweiniai at y cyrch mawr.

Ddeuddydd cyn i'r frwydr ddechrau, darganfuwyd fod yr Almaenwyr wedi cilio o'u llinell flaen ar yr ochr ogleddol i linell flaen y Bumed Fyddin. Bu'r milwyr Prydeinig yn turio i mewn i lannau camlas Yser am rai dyddiau cyn y dydd tyngedfennol, a thybiai'r Almaenwyr eu bod yn turio twneli o dan y ddaear, gyda'r bwriad o osod ffrwydron o dan eu safleoedd, ond paratoi'r gamlas ar gyfer gosod pontydd drosti a wnâi peirianwyr y Fyddin Brydeinig. Nid oedd yr Almaenwyr am fentro'u lwc. Roedd y cof am y modd y dinistriwyd eu safleoedd ar Esgair Messines trwy dwnelu o dan y ddaear ar Fehefin 7 yn boenus o fyw. Croesodd aelodau o Adran y Gwarchodlu, mewn cydweithrediad â'r Ffrancwyr ar eu chwith, gamlas Yser ar Orffennaf 29, a'u sefydlu eu hunain ar linell flaen o 3,000 o lathenni i'r dwyrain a'r gogledd o Boesinghe. Prif fantais y meddiannu hwn ar linell flaen yr Almaenwyr oedd galluogi'r Fyddin Brydeinig i godi pontydd dros y gamlas heb ofni unrhyw ymyrryd o du'r

CHAPTER 4

The Battle of Pilkem Ridge

The days leading up to July 31, 1917, were days of preparing for the mighty battle that was soon to come. For ten whole days, from July 22 onwards, enemy positions were bombarded. Four and a quarter million shells were fired from 3,091 guns, of which 999 were heavy, at enemy lines during the ten days of bombardment. Once the bombardment would cease the battle would commence. The bombardment forced the Germans to move their guns back to safer positions. Both sides were busy preparing for the ensuing battle. The Ypres Salient was a pandemonium of activity during the days which were gradually leading up to the great offensive.

Two days prior to the beginning of the battle, intelligence was received that the Germans had retreated from their front line on the northern flank of the Fifth Army's front line. British engineers had been digging into the banks of the Yser canal for days before July 31, arousing German suspicions that they were digging underground tunnels in order to place explosives under their positions, but in actual fact the engineers were making preparations to bridge the canal. The Germans, however, were not willing to leave anything to chance. The way in which their positions were destroyed on the Messines Ridge on June 7 was painfully fresh in their minds. Members of the Guards Division, in conjunction with the French on their left, crossed the Yser canal on July 29, and established themselves on a front line of 3,000 yards to the east and north of Boesinghe. The main advantage of occupying the German front line was to allow engineers time and opportunity to prepare causeways

Brwydr Cefn Pilkem

gelyn, a thrwy hynny oresgyn un anhawster mawr. Mantais arall oedd y ffaith fod Adran y Gwarchodlu wedi ennill eu cyrchnod cyntaf cyn i'r frwydr hyd yn oed ddechrau. Awr Sero oedd 3.50 o'r gloch y bore, Gorffennaf 31. Byddai Adran y Gwarchodlu ar y blaen o ran amser i bob adran arall, a phenderfynwyd gan y Pencadlys roi 34 o funudau i'r Adran Gymreig (y 38ain Adran) gyrraedd Adran y Gwarchodlu. Y cynllun oedd cael Adran y Gwarchodlu i symud ymlaen o'u llinell un funud wedi i'r haul godi, am 4.23 o'r gloch y bore, ac erbyn hynny byddai'r Adran Gymreig wedi eu cyrraedd, fel y gallai milwyr y ddwy ochr symud ymlaen gyda'i gilydd.

Pan fyddai'r brwydro'n dechrau, byddai'n ymestyn ar draws llinell flaen o bymtheng milltir, o Afon Lys gyferbyn â Deulemont i gyfeiriad y gogledd hyd at yr ochr draw i Steenstraat. Ymddiriedwyd y prif ymosodiadau i ofal y Bumed Fyddin ar linell flaen o saith milltir a hanner rhwng ffordd Zillebeke-Zandvoorde a Boesinghe. Roedd y Bumed Fyddin dan adain Syr Hubert Gough, a chynhwysai yr Ail Gorfflu (y 24ain Adran, y 30ain Adran, yr 8fed Adran, a brigâd o'r 18fed Adran), y 19eg Corfflu (y 15fed a'r 55ed Adran), y 18fed Corfflu (Adrannau 39 a 51) a'r 14eg Corfflu (y 38ain Adran, sef yr Adran Gymreig, ac Adran y Gwarchodlu). I'r Adran Gymreig, wrth gwrs, y perthynai catrawd Hedd Wyn. Byddai Byddin Gyntaf y Ffrancwyr yn ymosod ar y chwith gan groesi camlas Yser a ffordd Dixmude, ac wedyn yn symud i gyfeiriad Bixschoote a safleoedd yr Almaenwyr i'r de o Goedwig Houthulst. Yn union islaw Dixmude byddai'r Fyddin Brydeinig yn cyrchu drwy

and bridges over the canal unimpeded by the enemy, thus overcoming one major obstacle. Another advantage was the fact that the Guards Division had attained its first objective even before the battle had commenced. Zero Hour was 3.50 AM, July 31. The Guards Division was to precede all other divisions, and General Headquarters decided to allocate 34 minutes to the Welsh Division (38th Division) to catch up with the Guards. The Guards were to move forward one minute after sunrise, at 4.23 AM, and the 38th Welsh Division was expected to reach them a few minutes before 5.00 AM. Both Divisions were then expected to move forward together, adjacently.

The Battle of Pilkem Ridge

When the battle would begin, it would stretch across a front line of fifteen miles, from the River Lys opposite Deulemont in a northerly direction to the other side of Steenstraat. The 5th Army would be responsible for the main attacks on a front line of seven and a half miles between the Zillebeke-Zandvoorde road and Boesinghe. The 5th Army was commanded by General Hubert Gough, and consisted of the 2nd Corps (24th Division, 30th Division, 8th Division, and a brigade of the 18th Division), the 19th Corps (15th and 55th Division), the 18th Corps (Divisions 39 and 51) and the 14th Corps (the 38th Division, or the Welsh Division, and the Guards Division). Hedd Wyn, of course, belonged to the Welsh Division. The French 1st Army would attack on the left, crossing the Yser canal and the Dixmude road, and then move towards Bixschoote and German positions to the south of Houthulst Forest. Immediately below Dixmude, British troops would occupy the village of Pilkem on

Brwydr Cefn Pilkem

bentref Pilkem ar gefnen Pilkem, a'r tir corsiog i'r dwyrain o Ypres. Y prif gyrchnod oedd cromen o fân fryniau o flaen safleoedd y Fyddin Brydeinig o gylch Ypres. Bwriad Syr Douglas Haig oedd gwanychu'r gelyn rhwng Coedwig Houthulst a phentref Gheluvelt ar ffordd Menin. Rhwng y ddau begwn hyn yr oedd tir gweddol uchel a elwid yn Esgair Passchendaele. Cyn cyrraedd Esgair Passchendaele, fodd bynnag, rhaid oedd cipio pentref Pilkem, yn ogystal â'r esgair o gylch y pentref, oddi ar y gelyn, a dyna oedd prif gyfrifoldeb y 38ain Adran.

Dyma'r gorchymyn a roddwyd i'r Adran Gymreig, yn ôl *113th Infantry Brigade: Operation Order no. 143*:

Pilkem Ridge, and the marshlands to the east of Ypres. The main objective was an arch of small hills in front of the British positions around Ypres. Sir Douglas Haig's intention was to weaken the enemy between Houthulst Forest and the village of Gheluvelt on the Menin Road. Between these two locations there was a fairly high point of land known as Passchendaele Ridge. Before Passchendaele Ridge could be reached, however, British troops had to capture the village of Pilkem, as well as assuming control of the ridge surrounding the village, from the enemy, and that was the main objective of the 38th Division.

The Battle of Pilkem Ridge

The official order issued to the Welsh Division was as follows, according to *113th Infantry Brigade: Operation Order NO. 143*:

(a) The XIV Corps, with the XVIII Corps on the Right and the 1st French Corps on the Left, will attack the German Lines.

(b) The 38th Division, with the 51st Division on the Right, and the Guards Division on the Left, will attack the enemy's positions on the PILKEM RIDGE as far as LANGEMARCK.

(c) The attack will be made in a series of bounds, each bound is shown by a coloured line on Map already issued.

First Bound · BLUE Line.

Second Bound · BLACK Line.

Third Bound · GREEN Line.

Fourth Bound · GREEN Dotted Line.

Map swyddogol y RWF o frwydr Cefn Pilkem.   Official RWF map of the Battle of Pilkem Ridge.

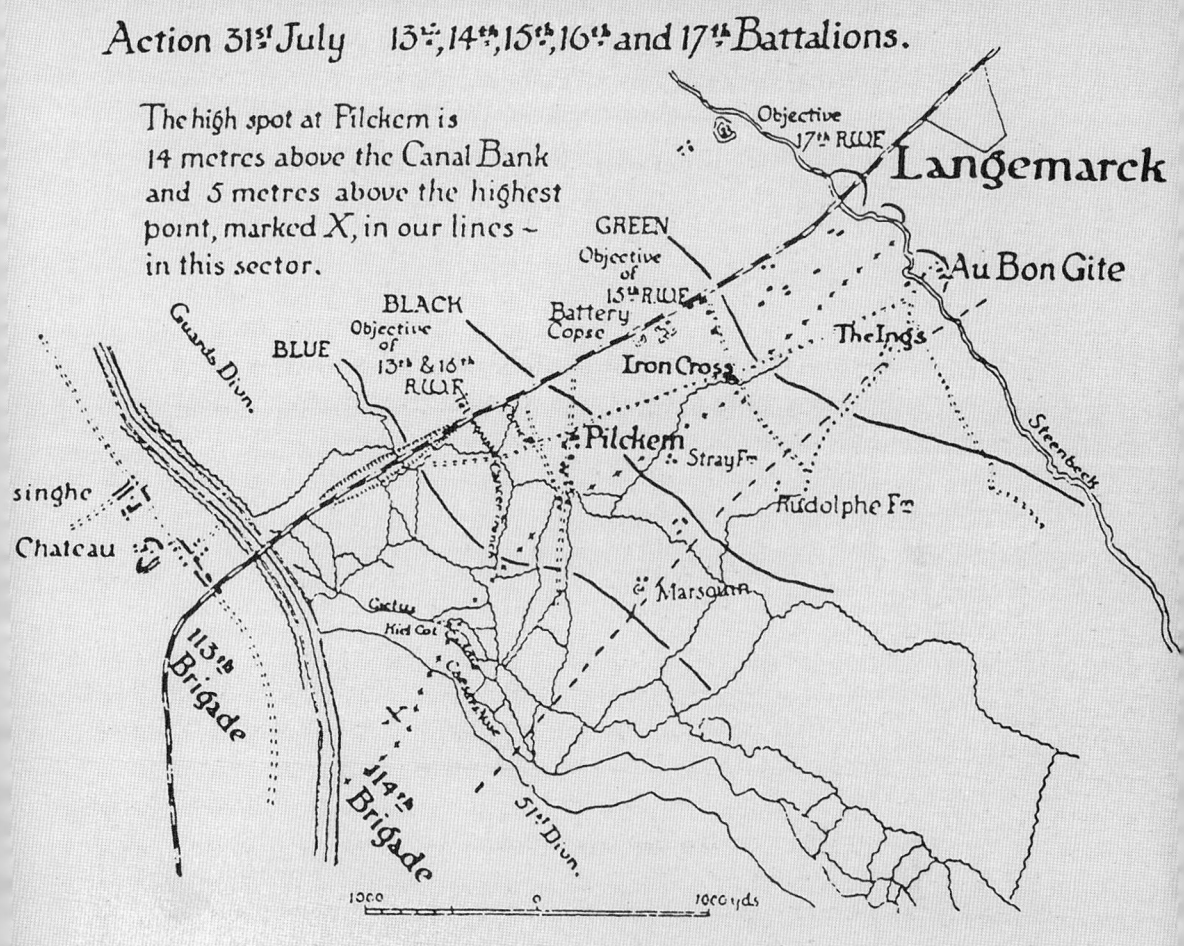

Map swyddogol y R.W.F. o frwydr Cefn Pilkem.

Brwydr Cefn Pilkem

Roedd y Llinell Werdd bron i ddwy filltir o bellter o'r llinell flaen Brydeinig, ar Esgair Pilkem, a rhyw fil a lathenni o bellter o'r Llinell Ddu, a redai drwy bentref Pilkem. Yn union o flaen y Llinell Werdd, tua 200 llath oddi wrthi, yr oedd Trum y Groes Haearn. Cyrchnod dwy o fataliynau'r Ffiwsiliwyr Brenhinol Cymreig, y 13eg a'r 16eg, oedd cipio'r Llinell Ddu, a chryfhau eu safle ar y llinell honno. Byddai'r 15fed Fataliwn wedyn yn symud drwy'r llinell gymharol ddiogel honno i gyrraedd y Llinell Werdd. Cyrchnod y 14eg Fataliwn RWF oedd paratoi tramwyfa glir rhwng y Llinell Las a'r Llinell Werdd, ac yn y pen draw byddai'r 17eg Fataliwn yn treiddio drwy'r Llinell Werdd i ennill pentref Langemarck oddi ar yr Almaenwyr.

Y broblem fwyaf oedd y tywydd a chyflwr y tir y byddai'n rhaid cerdded drwyddo. Bu'n rhaid gohirio dyddiad gwreiddiol y frwydr arfaethedig. Y dyddiad gwreiddiol oedd Gorffennaf 25, ac amcangyfrifwyd y byddai'r Fyddin Brydeinig yn cyrraedd Esgair Passchendaele a fewn pedwar diwrnod. Cymerodd bedwar mis. Penderfynwyd peidio â chychwyn y frwydr ar Orffennaf 25 am ddau reswm yn bennaf. Yn gyntaf, gofynnodd arweinydd y Ffrancwyr, y Cadfridog Anthoine, am ragor o amser i baratoi ar gyfer y frwydr i ddod, gan fod rhengoedd y Ffrancwyr wedi eu bylchu'n bur arw erbyn Gorffennaf 1917, a chydsyniodd y Prydeinwyr; yn ail, roedd arbenigwr tywydd y fyddin wedi darogan, ar ôl astudio ystadegau 80 mlynedd o dywydd yn Fflandrys, y byddai Gorffennaf 25 yn ddiwrnod o law trwm ac y disgwylid gwell tywydd o Orffennaf 31 ymlaen. Nid felly y bu: un diwrnod di-law a gafwyd rhwng Gorffennaf

The Green Line was situated at a distance of almost two miles from the British front line, on Pilkem Ridge, and a thousand yards or so from the Black Line, which ran through the village of Pilkem. Immediately in front of the Green Line, at a distance of some 200 yards, Iron Cross Ridge was situated. The objective of the 13th and 16th Battalions of the Royal Welsh Fusiliers was to capture the Black Line, and consolidate their position on that line. The 15th Battalion RWF would then traverse through that comparatively safe line to reach the Green Line. The objective of the 14th Battalion RWF was to prepare a clear passage between the Blue Line and the Green Line, and eventually the 17th Battalion RWF would penetrate through the Green Line to capture the village of Langemarck from enemy hands.

The main obstacle was the weather and the state of the land. The original date of the opening day of the campaign was July 25, and it was calculated that the Allies should reach Passchendaele Ridge in four days. It took four months. There were two main reasons for the postponement of the proposed opening day of the campaign. Firstly, the French leader, General Anthoine, asked for more time to prepare for the forthcoming battle, because the French ranks had been so heavily depleted by July 1917, and the British leaders agreed; secondly, the British Army's weather expert had predicted, after examining 80 years of weather patterns in Flanders, that heavy rain was expected on July 25, and that the weather would improve from July 31 onwards. That was not the case: between July 30 and August 6,

30 ac Awst 6, a hwnnw'n ddiwrnod o niwl.

Roedd y frwydr agoriadol hon wedi'i thynghedu o'r dechrau i fod yn gyrch gwaedlyd, amhosibl bron. Roedd y tir yn gors blorynnog, dyllog, a'r tyllau wedi troi'n byllau o ddŵr dwfn. Pan ddaeth y frwydr ei hun, câi'r milwyr anhawster mawr i symud ymlaen yn effeithiol. Llithrent yn y llaid, a boddwyd rhai yn y dŵr yn y tyllau enfawr hyn a achoswyd gan ffrwydradau. Glynai tanciau a meirch yn y mwd, gan eu gwneud yn dargedau hawdd, disymud i'r Almaenwyr. Yn ychwanegol at yr anawsterau hyn, roedd y tywydd, cymysgfa o law a niwl, yn pylu'r golwg, ac yn peri dryswch mawr ynglŷn â pha gyfeiriad i'w ddilyn, Hefyd, symudai *barrage* y Prydeinwyr ganllath bob pedwar munud, o flaen y milwyr, ac achosai hyn gryn anhawster yn ogystal.

Hon, felly, oedd y frwydr y tynghedwyd Hedd Wyn i gymryd rhan ynddi a marw ynddi: Brwydr Passchendaele ar lafar, am mai ennill Passchendaele oddi ar y gelyn oedd y nod yn y pen draw, a Thrydydd Cyrch Ypres yn ôl y croniclau a'r adroddiadau milwrol swyddogol. Rhan o'r cyrch mawr hwn oedd meddiannu pentref Pilkem a Chefn Pilkem, a dal gafael arnyn nhw. Y noson cyn y frwydr cynhaliwyd cyngerdd ffarwél gan y 15fed Fataliwn, a symudwyd wedyn i'r ffosydd ymgynnull. Roedd y frwydr fawr ar fin dechrau.

Y mae llawer o ddryswch ac ansicrwydd wedi bod erioed ynghylch union amgylchiadau clwyfo a lladd Hedd Wyn, ac nid rhyfedd hynny. Cymerodd can mil o filwyr ran yn y cyrch ar y diwrnod olaf hwnnw o Orffennaf, ac nid oedd Hedd Wyn ond un o blith y can mil hwnnw. Nid rhyfedd fod llawer

Brwydr Cefn Pilkem

there was only a single day without rain, and that was a day of mist.

This opening campaign was doomed from the beginning to be a messy, bloody and almost impossible campaign. The terrain was a pock-marked quagmire, full of deep, water-logged shell-holes. When the battle was finally under way, troops found it extremely difficult to move forward. They slipped and fell in the mud, and some even drowned in the water-logged holes. Tanks and horses became stuck in the mud, making them easy, stationary targets for the enemy. Added to these obstacles, the weather, a mixture of mist and rain, restricted visibility, and caused great confusion as to which direction to follow. Also, the British barrage creeped forward at a distance of a hundred yards every four minutes in front of advancing troops, thus causing great confusion.

This was the battle in which Hedd Wyn was to participate and die: Passchendaele as it became known, as the ultimate objective was to capture the village of Passchendaele from enemy hands, but known in military annals as the Third Battle of Ypres. Capturing the village of Pilkem and Pilkem Ridge, and holding both positions, was one of the main objectives of this enormous campaign. On the eve of the battle the 15th Battalion of the Royal Welsh Fusiliers held a farewell concert, and then proceeded to the assembly trenches. The great battle was about to begin.

The exact circumstances of Hedd Wyn's final hours have always been surrounded by confusion and uncertainty, and not

The Battle of Pilkem Ridge

Brwydr Cefn Pilkem

o anghysondebau rhwng y gwahanol adroddiadau am ei farwolaeth gan lygad-dystion. Lladdfa fawr anhrefnus, wallgof a dryslyd oedd brwydr Gorffennaf 31. Nid Hedd Wyn enwog Eisteddfod y Gadair Ddu a laddwyd ar y diwrnod hwnnw, ond milwr cyffredin ymhlith miloedd o filwyr cyffredin. Ychydig iawn a wyddai ei fod yn fardd hyd yn oed. Rhaid ceisio dod o hyd i'r gwirionedd ynghylch ei gwymp trwy gyflwyno'r holl dystiolaethau hyn am ei farwolaeth, a cheisio creu darlun gweddol gywir o'r amgylchiad trwy gymharu'r tystiolaethau hyn â'i gilydd. Dechreuwn gyda thystiolaeth ei gyd-filwyr. Un o'r rheini oedd Fred Hainge. Gwelodd Hainge Hedd Wyn yn syrthio, ac adroddodd yr hanes wrth *Y Cymro*:

> Drwy ddychrynfeydd Tir Neb ar ruthr gwallgof. Diogel. Drwy uffern y wifrau pigog. Diogel eto hefyd. Ac yna, cenlli o fwledi yn eu cyfarfod. A chyn y distawyd gweryru'r *machine-gun* hwnnw yr oedd llawer Cymro na ddychwelai i'w wlad … Ond yr oedd Hedd Wyn yn fyw a dyrnaid fechan gydag ef a llinell gyntaf yr Almaenwyr o'u hol. Ymlaen am yr ail linell. Ymlaen. Ond nid ymhell. Ffrwydrad ofnadwy. Siel yn plannu i ganol yr hogiau. Ac yn fflach y siel honno, gwelodd Fred Hainge y bardd yn syrthio.

Un arall a'i gwelodd yn syrthio oedd Simon Jones. Mewn sgwrs ar dâp rhyngddo ef a Robin Gwyndaf o'r Amgueddfa Werin yn Sain Ffagan, dywedodd fod Hedd Wyn wedi syrthio

surprisingly, as 100,000 men participated in the opening battle on that last day of July, and Hedd Wyn was only one amongst them; neither is it strange that there are so many inconsistencies and discrepancies in eye-witness reports concerning his death. The battle fought on July 31 was nothing more than a massacre on an enormous scale, in fact, a complete disaster. We have to piece together several eye-witness accounts to draw a fairly complete picture of how, where and when the poet was killed, beginning with the testimonies of his comrades. One of these was Fred Hainge. Hainge saw Hedd Wyn falling, and his story was published in the weekly Welsh newspaper, *Y Cymro*:

The Battle of Pilkem Ridge

> A mad rush through the horrors of No Man's Land. Safe. Through the hell of the barbed wire. Safe again. Then they were met by a hail of bullets. And before the guffawing of the machine-gun was silenced, there were many Welshmen who would never return to their own country ... But Hedd Wyn was alive, and with him a small band of comrades and the first enemy line behind them. They pressed forward, towards the second line. Forward. But not far. A horrific explosion. A shell burst in their midst. And in the flash of the explosion, Fred Hainge saw the poet falling.

Simon Jones also saw Hedd Wyn fall. He was interviewed in September 1975 by Robin Gwyndaf, Curator of the Welsh Folk Museum at St Fagans at the time. Simon Jones said that Hedd

'ar hanner Pilkem' ar ôl i filwyr y 15fed Fataliwn 'gychwyn dros Canal Bank yn Ypres', a hynny am 4.30 o'r gloch yn y bore yn ôl Simon Jones:

> … mi gweles o'n syrthio ac mi allaf ddweud mai *nosecap shell* yn ei fol 'lladdodd o …

Brwydr Cefn Pilkem

Roedd hynny, yn ôl Simon Jones, am 4.45 o'r gloch y bore. Un arall a oedd yn Ffrainc a Fflandrys gyda Hedd Wyn oedd y Rhingyll Idwal Williams, Penmorfa, yn ymyl Porthmadog. Soniodd, mewn erthygl fer a gyhoeddwyd yn *Yr Herald Cymraeg*, Hydref 2, 1917, am ei gyfeillgarwch â Hedd Wyn yn Ffrainc:

> Mewn ysgubor yr oedd eu "cartref," ac yno y daeth Hedd Wyn a'r Sergeant Williams yn gyfeillion. Hoffai son am Gymru ac adrodd barddoniaeth. Yr oedd ei awdl, "Yr Arwr," ganddo ar y pryd, a bu ef a'i gyfaill yn ei darllen a'i hadrodd, y naill i'r llall. Bwriadai'r bardd ei hail-ysgrifennu yno, ond ni chafodd gyfle i wneyd hyny, ac anfonodd hi i'r gystadleuaeth fel yr oedd o bentref Flechin.

Dyma fersiwn Idwal Williams o gwymp Hedd Wyn:

> … Wedi brwydro caled ennillwyd y nod, ond ar hanner dydd tra'n diogelu'r safleoedd newydd a'r gelyn yn parhau i dywallt eu hergydion yn gawodlyd, daeth

Wyn fell 'mid-way across Pilkem' after the 15th Battalion of the RWF 'crossed the Canal Bank at Ypres', at 4.30 AM:

> ... I saw him falling, and I can say that he was killed after being struck in the belly by a nosecap shell ...

According to Simon Jones, Hedd Wyn was mortally wounded at 4.45 AM. Sergeant Idwal Williams, from Penmorfa, near Porthmadoc, in North Wales, was also with Hedd Wyn in France and Flanders. A short article published in *Yr Herald Cymraeg*, on October 2, 1917, mentions their friendship in France:

> Their "home" was a barn, and it was here that Hedd Wyn and Sergeant Williams became friends. He liked to talk about Wales and recite poetry. He had his poem, "The Hero," with him at the time, and they both read and recited it to each other. The poet intended to rewrite it there, but failed to find an opportunity to do so, and sent it to the competition as it was from the village of Flechin.

This is Idwal Williams' version of Hedd Wyn's death:

> ... After heavy fighting our objective was attained, but, at mid-day, as we were consolidating our new positions, and as we were being showered by enemy fire, the poet was struck in the back by a shell fragment, causing a deep wound. He fell down helplessly, and because the fighting

The Battle of Pilkem Ridge

Brwydr Cefn Pilkem

darn o ffrwydbelen a tharawodd y bardd yn ei gefn gan ei archolli'n ddwfn. Syrthiodd yn ddiymadferth, ac oherwydd ffyrnigrwydd y brwydro nid oedd cynorthwy meddygol i'w gael i'w gario ymaith i ddiogelwch. Ond ceisiodd ei gymrodyr drin ei glwyfau, a lleddfu ei ddoluriau ynghanol yr holl beryglon. Ond tra'n gorwedd yn ei glwyfau ar faes y frwydr am dair awr, ni chlywyd na gruddfaniad nac ochenaid ganddo o hanner dydd hyd dri o'r gloch yn y prydnawn – yr un oriau ag y bu Arwr yr Arwyr yn glwyfedig ar faes Brwydr y Brwydrau. Ar dri o'r gloch daeth y cludwyr i'w nol, gan ei gario i lawr y ffosydd, ond cyn eu bod nepell o'r fan yr oedd y milwyr [*sic*] clwyfedig wedi anadlu ei anadl olaf, a'r frwydr drosodd.

Mae'r tair tystiolaeth ynglŷn â'r dull y lladdwyd Hedd Wyn yn cyfateb, ac mae'n amlwg mai tân-belen a'i lladdodd. Ond nid yw'r adroddiadau hyn yn gytûn ynghylch union adeg ei farwolaeth. Ceir, yn ogystal, fersiwn arall o'r modd y lladdwyd ef. Ym mis Medi, 1917, bu'r Parchedig R. Peris Williams, caplan gyda'r RWF, yn holi aelodau o gatrawd Hedd Wyn ynghylch ei oriau olaf. Cedwir y nodiadau a ysgrifennwyd ganddo yn Llyfrgell Coleg y Gogledd, a byddaf yn pwyso'n drwm ar y nodiadau hyn. Yn ogystal â holi cyd-filwyr Hedd Wyn bu'n holi ei swyddogion hefyd. Derbyniodd fanylion ynghylch ei farwolaeth gan swyddog Hedd Wyn, yr Uwchgapten F. L. Ratto:

was so fierce, medical assistance wasn't possible, and he couldn't be carried away to safety. But his comrades tried to treat his wounds and ease his pain in the midst of incredible danger. As he lay wounded on the battlefield, he neither groaned nor uttered a sigh from mid-day until three o'clock in the afternoon – and it was thus that the Hero of all Heroes lay on the Battlefield of all Battlefields for three hours. At three o'clock the stretcher-bearers arrived and carried him down the trenches, but they hadn't gone far before the wounded soldier breathed his last breath, his battle over.

The Battle of Pilkem Ridge

These three testimonies concerning Hedd Wyn's death more or less correspond, and it is obvious that he died of his wounds after being struck by a shell. But these reports disagree as to the time of his death. There is, also, another version of his death. In September 1917, the Reverend R. Peris Williams, a chaplain with the Royal Welsh Fusiliers, made notes about the poet's final hours after interviewing members of his battalion. These notes are kept at the Bangor University Library. He also interviewed several officers. Hedd Wyn's commanding officer, Major F.L. Ratto, supplied Peris Williams with the following information:

This soldier was in my platoon and went over the top with us on the 31st July. He fought extremely well & was always in the thick of the fighting. It was while consolidating on the Green Line that he was shot by a sniper and died instantaneously, the bullet entering his stomach and going right through him. I wrote to his next of kin about a month ago …

Yn ôl J. D. Richards, yr oedd un o fechgyn Trawsfynydd wedi canfod Hedd Wyn ar faes y gad yn gorwedd yn ei glwyfau:

> Nid oes fanylion gennym am ei gwymp heblaw iddo gael ei glwyfo'n farwol yn ei fynwes, medd llanc o'r lle yma, a'i canfu yn wyw ar y maes wedi'r drin.

Brwydr Cefn Pilkem

Felly y mae tystiolaeth y llanc hwn yn cyfateb i dystiolaeth Idwal Williams, ond nid i dystiolaeth Fred Hainge, a ddywedodd hyn:

> Aeth y parti allan drannoeth i geisio'r marw. A chafwyd Hedd Wyn yn gorwedd yn y fan y gwelodd Hainge ef yn syrthio, a chladdwyd ef gerllaw.

Nid oes unrhyw sôn gan Hainge fod Hedd Wyn yn fyw o hyd.

Tystiolaeth bwysig arall yw eiddo William Richardson, Llandudno, aelod arall o gatrawd Hedd Wyn. Ymunodd William Richardson â'r fyddin ym mis Chwefror, 1915, a gwasanaethodd yn Ffrainc o Ragfyr y flwyddyn honno hyd nes iddo gael ei anafu yn ei glun yn Ail Frwydr y Somme, ar Awst 26, 1916. Gwasanaethodd fel elor-gludydd ym mrwydr Cefn Pilkem, ac roedd yn un o'r pedwar a gariodd Hedd Wyn 'hanner canllath i gyrraedd y meddyg'. Ni wyddai William Richardson ar y pryd fod y gŵr a gludid ganddo ef a'r tri arall yn fardd. Wedyn y daeth i wybod hynny. Yn ôl Richardson:

According to J.D. Richards, a lad from Trawsfynydd had seen Hedd Wyn lying in his wounds on the battlefield:

> We have no details concerning his death except that he was mortally wounded in the chest, according to a local lad who found him lying helplessly on the field after the battle.

The testimony of this unnamed witness and Idwal Williams' account more or less corroborate each other, but Fred Hainge's account of his death is entirely different:

> The party went out the next day to fetch the dead. And Hedd Wyn as found lying dead exactly where Fred Hainge had seen him falling, and he was buried nearby.

Hainge makes no mention that Hedd Wyn was still alive.

Another important eye-witness was William Richardson, of Llandudno, also a member of Hedd Wyn's battalion. William Richardson volunteered for active service in February 1915, and served in France from December 1915 until he was wounded in the thigh on August 26, 1916, in the Second Battle of the Somme. He served as a stretcher-bearer at the Battle of Pilkem Ridge, and was one of the four who carried Hedd Wyn 'for fifty yards to reach the doctor'. Neither William Richardson nor the three other stretcher-bearers knew at the time that the wounded soldier they were carrying was a poet. According to Richardson:

> He was badly wounded in the chest and he died just as we arrived at the hospital gates.

Brwydr Cefn Pilkem

Cofiai mai enwau dau o'r elor-gludwyr eraill a'i cariodd ef oedd Charlie Lucas ac Eric Barnard, o Burnham-on-Crouch. Mae tystiolaeth William Richardson i'r bardd farw cyn cyrraedd yr ysbyty yn y ffos yn cyfateb i dystiolaeth Idwal Williams.

Y dystiolaeth bwysicaf o ddigon ynghylch lladd Hedd Wyn yw'r manylion a gasglwyd gan Peris Williams. Yn ôl nodiadau Peris Williams, 'yn gynnar fore dydd Mawrth y 31ain o Gorffennaf … rhwng Pilkem a Langemarck' y lladdwyd Hedd Wyn, a hynny gan 'darn o shell a'i tarawodd yn ei gefn nes ei glwyfo yn drwm iawn'. Fe ddywed Peris Williams wrthym hefyd, gan ddyfynnu tystiolaeth un o'r bechgyn a holwyd ganddo, mai 'German trench mortar wound in back' a'i lladdodd yn y pen draw. Enwir y pedwerydd elor-gludydd gan Peris Williams, sef Pt. Rowlandson. Cariwyd Hedd Wyn o faes y gad gan y rhain, ac aethpwyd ag ef i'r 'dug-out' a elwid yn *Cork House* gan y milwyr. Defnyddid y daeardy hwn yn ystod y frwydr fel rhyw fath o ysbyty. Triniwyd clwyfau Hedd Wyn gan feddyg o'r enw Dr Day o dueddau Wrecsam, a gwelodd hwnnw ar unwaith ei fod wedi'i glwyfo'n farwol ac nad oedd ganddo fawr ddim o amser ar ôl. Yn ôl Peris Williams: 'Arosodd y stretcher-bearer gydag ef hyd nes iddo dynnu ei anadl olaf am tua 11 o'r gloch bore y 31ain o Orffennaf 1917'.

Gan y ceir y nodyn 'Richardson present at death' yn nodiadau Peris Williams, rhaid awgrymu mai William Richardson

He was badly wounded in the chest and he died just as we arrived at the hospital gates.

He recalled that the names of two of the other stretcher-bearers who carried Hedd Wyn were Charlie Lucas and Eric Barnard, who came from Burnham-on-Crouch. William Richardson's assertion that the poet died before reaching the dressing-station corresponds to Idwal Williams' testimony.

The most important account of the circumstances of Hedd Wyn's death, however, was the material collected by Peris Williams. According to his notes, Hedd Wyn was killed 'early on Tuesday morning the 31st of July … between Pilkem and Langemarck' by 'a shell fragment which struck him in his back, severely wounding him'. Peris Williams also notes, quoting the testimony of one of the soldiers whom he interviewed, that Hedd Wyn eventually died from a 'German trench mortar wound in back'. Peris Williams names the fourth stretcher-bearer as Private Rowlandson. The four stretcher-bearers carried Hedd Wyn from the battlefield and took him to a dug-out known as Cork House. This dug-out was used during the battle as a dressing-station. Hedd Wyn's wounds were treated by a Doctor Day, from the Wrexham area, who immediately realised that Hedd Wyn had been mortally wounded, and had but little time to live. According to Peris Williams: 'The stretcher-bearer remained with him until he drew his last breath around 11 o'clock on the morning of the 31st of July 1917'.

Peris Williams wrote 'Richardson present at death' in his

Brwydr Cefn Pilkem

oedd yr elor-gludydd a arhosodd ar ôl. Dyma'r gŵr a ddywedodd fod Hedd Wyn wedi marw wrth iddynt gyrraedd y 'dug-out', ond mae'n bur sicr mai cyfuniad o'r amgylchiadau dryslyd, echrydus ar y pryd a phylni cof yn ddiweddarach a fu'n gyfrifol am gam-dystiolaeth y gŵr hwn. Tra oedd y meddyg yn trin ei glwyfau, gofynnodd i'r bechgyn a oedd yn gofalu amdano, ac i'r meddyg hefyd, 'Do you think I will live?', yn siriol. 'You seem to be very happy,' oedd yr ateb a gafodd gan un o'r milwyr yn ei ymyl. 'Yes, I am very happy,' oedd ei eiriau olaf. Yn fuan iawn wedyn bu farw. Hwyrach mai effaith morffia arno a barodd ei fod mor siriol yn ei boenau.

Dywed adroddiad Peris Williams wrthym wedyn mai'r Parchedig David Morris Jones a ddarllenodd y gwasanaeth claddu ac a offrymodd weddi yn ei angladd. Rhoddwyd croes â'r Ddraig Goch arni uwch y fan lle claddwyd ef. Ar y groes ceid y cofnod hwn: '61117 PTE. E. H. Evans/15/R Welch Fus./31-7-17'. Y Parchedig D. Morris Jones, Aberystwyth, oedd caplan catrawd Hedd Wyn. Cyhoeddwyd llythyr yn *Y Brython*, ar Dachwedd 22, 1917, gan gaplan arall, Abi Williams, caplan gyda'r 17eg Fataliwn RWF, dan y pennawd 'Lle'r Huna Hedd Wyn':

> Er cymaint a ysgrifennwyd yn *Y Brython* am Hedd Wyn, 'rwy'n sicr mai nid anniddorol i'ch darllenwyr fydd gwybod ei gladdu heb fod nepell oddiwrth yr 'Iron Cross' ar y "Pilkem Ridge." Gwasanaethwyd yn Gymraeg gan fy nghyfaill y Caplan D. Morris Jones, ac er na wyddai ar y pryd ei fod yn talu'r gymwynas olaf i "gampwr y Ceinion,"

notes, strongly indicating that William Richardson was the stretcher-bearer who remained with Hedd Wyn. Richardson himself, on the other hand, claimed that Hedd Wyn died as they were reaching the dug-out, but it is fairly certain that Richardson's erroneous testimony was due to a combination of the horrific, cataclysmic events at the time and a failing memory much later on in life. As his wounds were being treated, Hedd Wyn asked the doctor and the soldiers who were trying to comfort him, 'Do you think I will live?', cheerfully. 'You seem to be very happy,' one of the soldiers commented. Hedd Wyn replied, 'Yes, I am very happy'. These were his last words. He died soon after. He was probably administered a dose of morphia, and that's why he was so cheerful in his pain.

According to Peris Williams, the burial service was conducted by David Morris Jones. A wooden cross bearing the inscription '61117 PTE. E. H. Evans/15/R Welch Fus./31-7-17', and draped in a Red Dragon flag, marked his grave. The Reverend D. Morris Jones, of Aberystwyth, was chaplain to the 15th Battalion of the Royal Welsh Fusiliers. A letter was published in the Welsh weekly newspaper, *Y Brython*, on November 22, 1917, by another chaplain, Abi Williams, chaplain to the 17th Battalion of the Royal Welsh Fusiliers, under the heading 'Where Hedd Wyn is Buried':

> Although much has been written in *Y Brython* about Hedd Wyn, I am certain that it will interest your readers to know that he was buried not far from the "Iron Cross" on the "Pilkem Ridge." The burial service was conducted

mae'n brudd ddiddorol cofio hynny heddyw. Do, clywyd acenion yr hen Gymraeg uwchben bedd y bardd o Drawsfynydd; ac er i'r bedd fod mewn tir estron 'roedd yr awyrgylch a'r teimladau yn hollol Gymreig.

Brwydr Cefn Pilkem

Dyna'r gwahanol adroddiadau a gafwyd ynghylch y modd y lladdwyd ac y claddwyd Hedd Wyn. Mae nodiadau Peris Williams, wrth gwrs, yn allweddol bwysig o safbwynt sefydlu'r gwirionedd. Gallwn yn awr greu darlun gweddol gywir o oriau olaf Hedd Wyn.

Awr Sero, fel y dywedwyd, oedd 3.50 y bore. I'r 14eg Fataliwn RWF yr ymddiriedwyd y gwaith o sicrhau fod y diriogaeth rhwng y Llinell Las a'r Llinell Werdd yn ddiogel ac yn glir ar gyfer cyrch y 15fed Fataliwn i lwyr feddiannu'r Llinell Werdd. Ceir y cofnod canlynol yn *14th. (Service) Batt. Royal Welsh Fusiliers: Report on Operations – 30th. July 1917-4th. August 1917*:

in Welsh by my friend, Chaplain D. Morris Jones, and although unaware at the time that he was paying his last respects to a master of his art, it is sad but interesting to remember that fact by now. Yes, the rhythms of our dear old language were heard above the grave of the poet from Trawsfynydd; and though buried in a foreign land, the atmosphere and the emotions at his funeral were essentially Welsh.

And there we have all the various reports and accounts concerning Hedd Wyn's death and funeral. The notes made by Peris Williams are of paramount importance in establishing the truth. We can now fairly correctly outline Hedd Wyn's last hours.

Zero Hour, as already noted, was at 3.50 AM. The 14th Battalion of the Royal Welsh Fusiliers was entrusted with the task of ensuring that the terrain between the Blue Line and the Green Line would be safe and unimpeded for the 15th Battalion of the Royal Welsh Fusiliers to reach and completely occupy the Green Line. According to *14th. (Service) Batt. Royal Welsh Fusiliers: Report on Operations – 30th. July 1917-4th. August 1917*:

For one hour and fifty five minutes after ZERO the remainder of the Battalion not on Carrying Duties remained in the Assembly Trenches until the time it was presumed that the BLACK LINE had been captured. At 5.40 A.M. information was received that the 15th. Batt. R.W.F. was moving forward and the six Lewis Gun Sections under Sec. Lieut. G.E.J. Evans moved forward to attach themselves to this Unit and be for the remainder of the day under the Command of Lieut-Colonel C.C. Norman.

Rhaid oedd i'r 14eg Fataliwn flaenori'r 15fed Fataliwn, a'r cynllun gwreiddiol o ran amseriad, yn ôl Operation Order NO. 143, oedd:

Brwydr Cefn Pilkem

At ZERO plus 3.24. the 15th Battalion Royal Welsh Fusiliers will pass the BLACK Line, and will capture the GREEN Line at ZERO plus 4.5.

Byddai'r 15fed Fataliwn, felly, yn treiddio drwy'r Llinell Ddu oddeutu 7.15 o'r gloch y bore, ac yn cyrraedd y Llinell Werdd tua 7.55 y bore. Wrth gwrs, amseriad ar fap yn niogelwch y Pencadlys oedd yr amseriad hwn, ond fel y digwyddodd, yr oedd yr amseriad yn weddol agos ati. Yr oedd yn agos at 6 o'r gloch y bore pan ddechreuodd y 15fed Fataliwn symud ymlaen i gyrraedd ei nod. Gwelir felly fod yr amser a roir gan Simon Jones fel union adeg cwymp Hedd Wyn yn rhy gynnar. Gwyddom i Hedd Wyn gael ei daro yng nghanol cyfnod o frwydro ffyrnig yng nghyffiniau'r Llinell Werdd. Cyfeirir at y cyfnod hwn yn adroddiad y 14eg Fataliwn:

About 8.00 A.M. the enemy opened a vigorous barrage and kept it up throughout the day, alternating between PILKEM and the VILLA GRETCHEN Line and CACTUS RESERVE Line.

Dyma ddisgrifiad Dyddiadur Rhyfel y 15fed Fataliwn o'r brwydro yn ymyl y Llinell Werdd:

The 14th Battalion was to precede the 15th Battalion, and the original plan chronologically, according to Operation Order NO. 143, was:

> At ZERO plus 3.24. the 15th Battalion Royal Welsh Fusiliers will pass the BLACK Line, and will capture the GREEN Line at ZERO plus 4.5.

Therefore, the 15th Battalion was to traverse through the Black Line at around 7.15 AM, and reach the Green Line around 7.55 AM. Of course, the timing of the whole operation was worked out pouring over a map in the safety of Headquarters, but the proposed timing, as it happened, was fairly close to the timing of the actual event. It was nearly 6 AM when the 15th Battalion moved forward to attain its objective. The time given by Simon Jones as the time Hedd Wyn was struck by a shell fragment was much too early. We know that Hedd Wyn was struck in the midst of fierce fighting in the vicinity of the Green Line. This stage of the battle was referred to in the report of the 14th Battalion RWF:

> About 8.00 A.M. the enemy opened a vigorous barrage and kept it up throughout the day, alternating between PILKEM and the VILLA GRETCHEN Line and CACTUS RESERVE Line.

This is how the War Diary of the 15th Battalion RWF recorded the fighting in the vicinity of the Green Line:

ZERO was timed for 3.50 AM July 31st 1917, but it proved to be very dark at that hour & great difficulty was experienced in keeping direction in spite of the excellence of the barrage, Once having got clear of CANAL BANK, it was fairly easy going for the BN. as far as PILCKEM where a German barrage was encountered & opposition met with from machine guns & sniper. Naturally all this caused a few casualties but PILCKEM VILLAGE was passed with the BN. still in good formation. From the BLACK to the GREEN LINE the 15th R.W.F. supported by 2 Coys of the 16th R.W.F. & 6 Lewis guns from the 14th R.W.F. continued the advance to their objective. Considerable opposition was met with at BATTERY COPSE & by this time there were but few officers remaining. The BN. at this point got left behind by the barrage & the smoke barrage coming down on our leading lines tended to confuse the men. Many of the houses in BRIERLEY RD. were held by the enemy who fired from them. Just about this period LT. COL. C.C. Norman, O.C. 15th BN. R.W.F. was wounded and ordered the BN. to consolidate on the IRON CROSS ridge. As no officer remained, the BN. was handed over to R.S.M. Jones who saw to the consolidation which was being carried out some way in rear of the GREEN LINE giving a greater task to the 115 Bde who were passing through us.

Brwydr Cefn Pilkem

Oddeutu'r cyfnod o ymladd mawr y trawyd Hedd Wyn, a thuag 8 o'r gloch y bore y bu hynny. Disgwylid i'r 15fed Fataliwn gipio'r Llinell Werdd 'at ZERO plus 4.5', sef 7.55 o'r gloch y bore. Mae'r amseriad hwn a nodwyd yn y Pencadlys ac amseriad adroddiad swyddogol y 14eg Fataliwn yn cyfateb. Bu Hedd Wyn yn gorwedd yn ei glwyfau ar faes y drin am bron i deirawr. Ni ellid ei gario ymaith ar yr union adeg y syrthiodd, gan fod gormod o ymladd yn digwydd o'i gwmpas. Ni allai'r elor-gludwyr ei gyrraedd. Felly, mae tystiolaeth Idwal Williams, iddo orwedd am deirawr yn ei glwyfau ar y maes, yn gywir.

A dyna fel y bu farw Hedd Wyn. Lladdwyd 4,000 o filwyr Prydeinig ar ddiwrnod agoriadol yr ymgyrch, Gorffennaf 31, 1917. Un o'r rhai a laddwyd ar y diwrnod hwnnw oedd Preifat E. H. Evans, milwr cyffredin a dinod ymhlith miloedd o filwyr cyffredin a dinod. Ond Ellis Humphrey Evans a fu farw ar y bore tyngedfennol hwnnw, nid Hedd Wyn.

It was during this period of intense fighting that Hedd Wyn was struck, and that was around 8.00 AM. The 15th Battalion was expected to capture the Green Line 'at ZERO plus 4.5', that is, 7.55 AM. The time worked out in Headquarters as well as the time noted in the official reports of the 14th Battalion RWF correspond. Mortally wounded, Hedd Wyn was lying on the battlefield for almost three hours. He couldn't be reached nor could he be carried to safety because of the ferocity of the fighting around him. Idwal Williams was correct in his assertion that Hedd Wyn had been lying on the battlefield for three hours.

And that is how Hedd Wyn died. On the first day of the campaign, July 31, 1917, 4,000 British troops were killed. One of the victims on that day was Private E. H. Evans, an ordinary, unimportant soldier in the midst of thousands of ordinary, unimportant soldiers. But it was Ellis Humphrey Evans who was killed on that fateful morning, and not Hedd Wyn.

Elor-gludwyr yng nghysgod adfail: Cefn Pilkem, Gorffennaf 31, 1917. Mae'n bosibl fod y rhai a gludodd Hedd Wyn o faes y gad yn y llun hwn.

Stretcher-bearers in the shadow of a ruin: Pilkem Ridge, July 31, 1917. It's possible that the four stretcher-bearers who carried Hedd Wyn from the battlefield are amongst them.

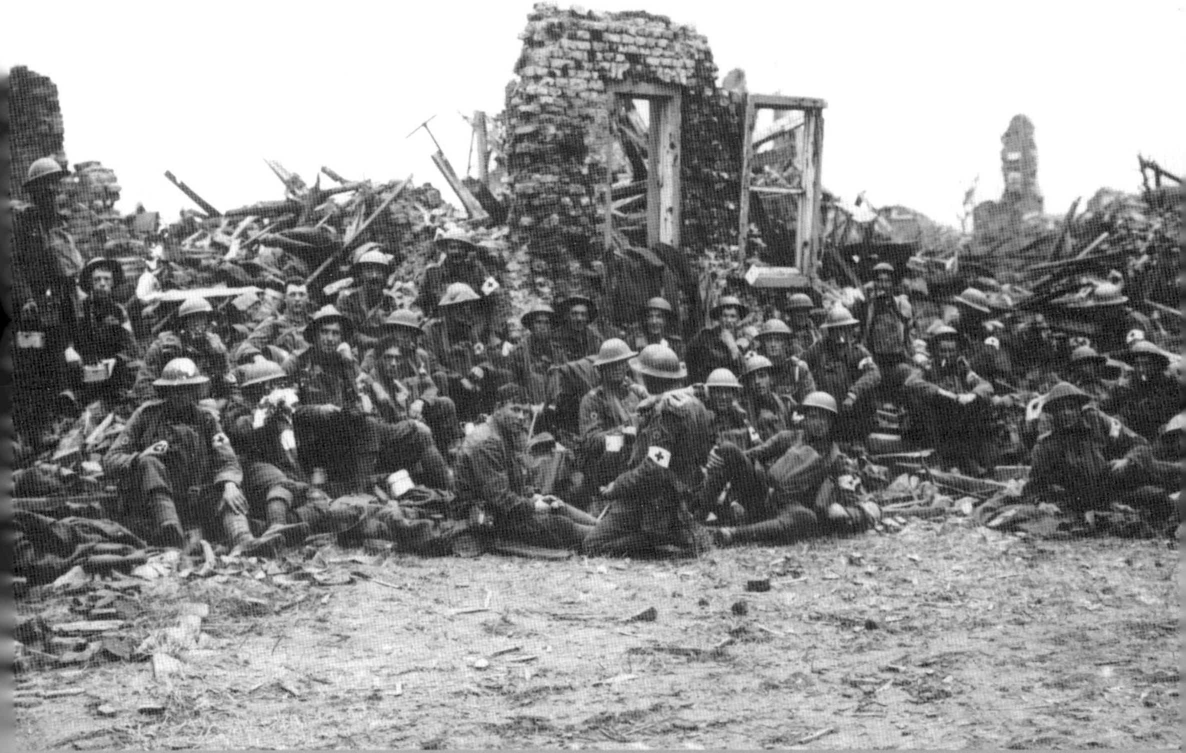

Croesi camlas Yser, Gorffennaf 31, 1917.

Crossing the Yser canal, July 31, 1917.

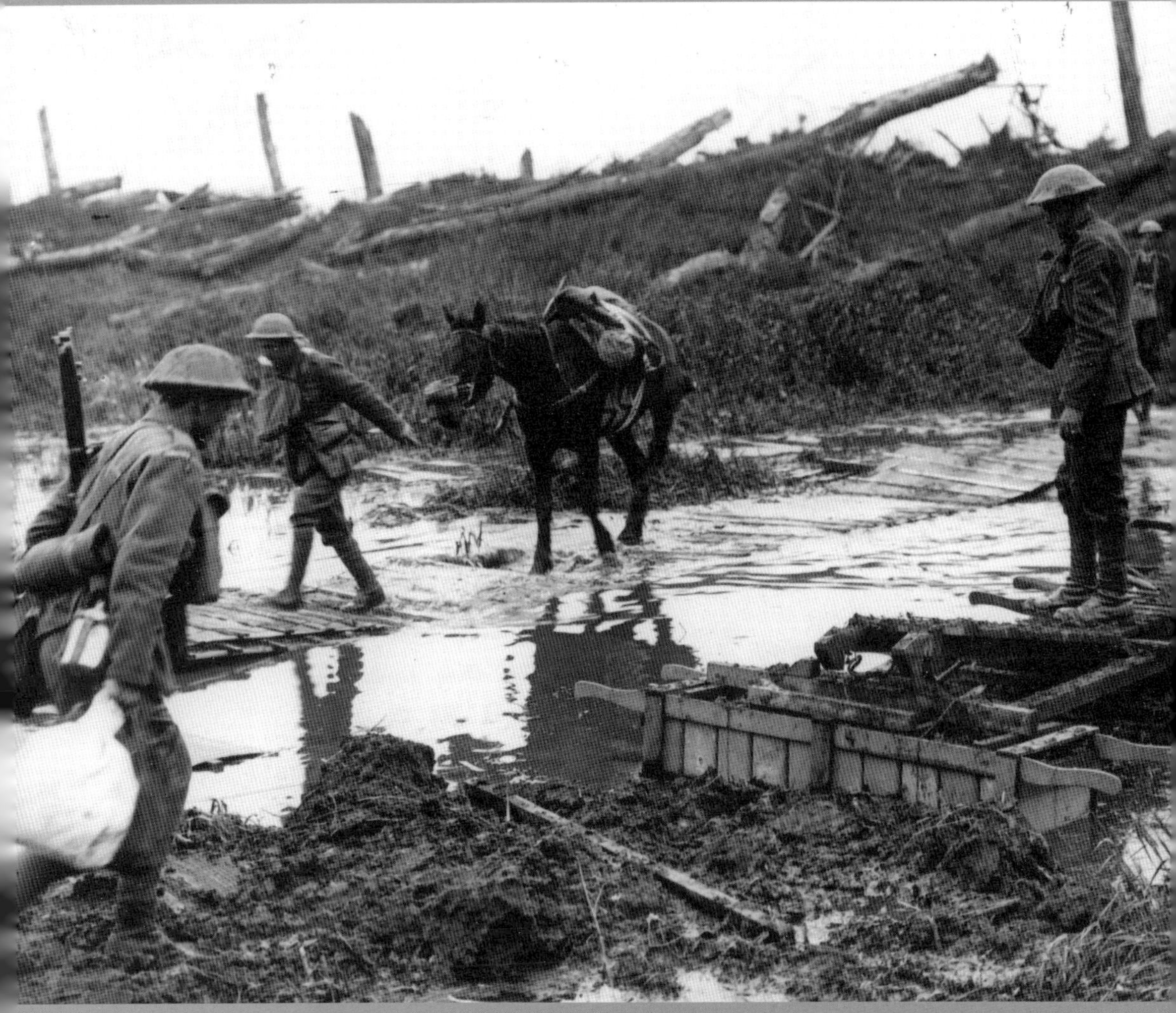

Trin clwyfedigion ar faes y gad: Cefn Pilkem, Gorffennaf 31, 1917.

Treating the wounded on the battlefield: Pilkem Ridge. July 31, 1917.

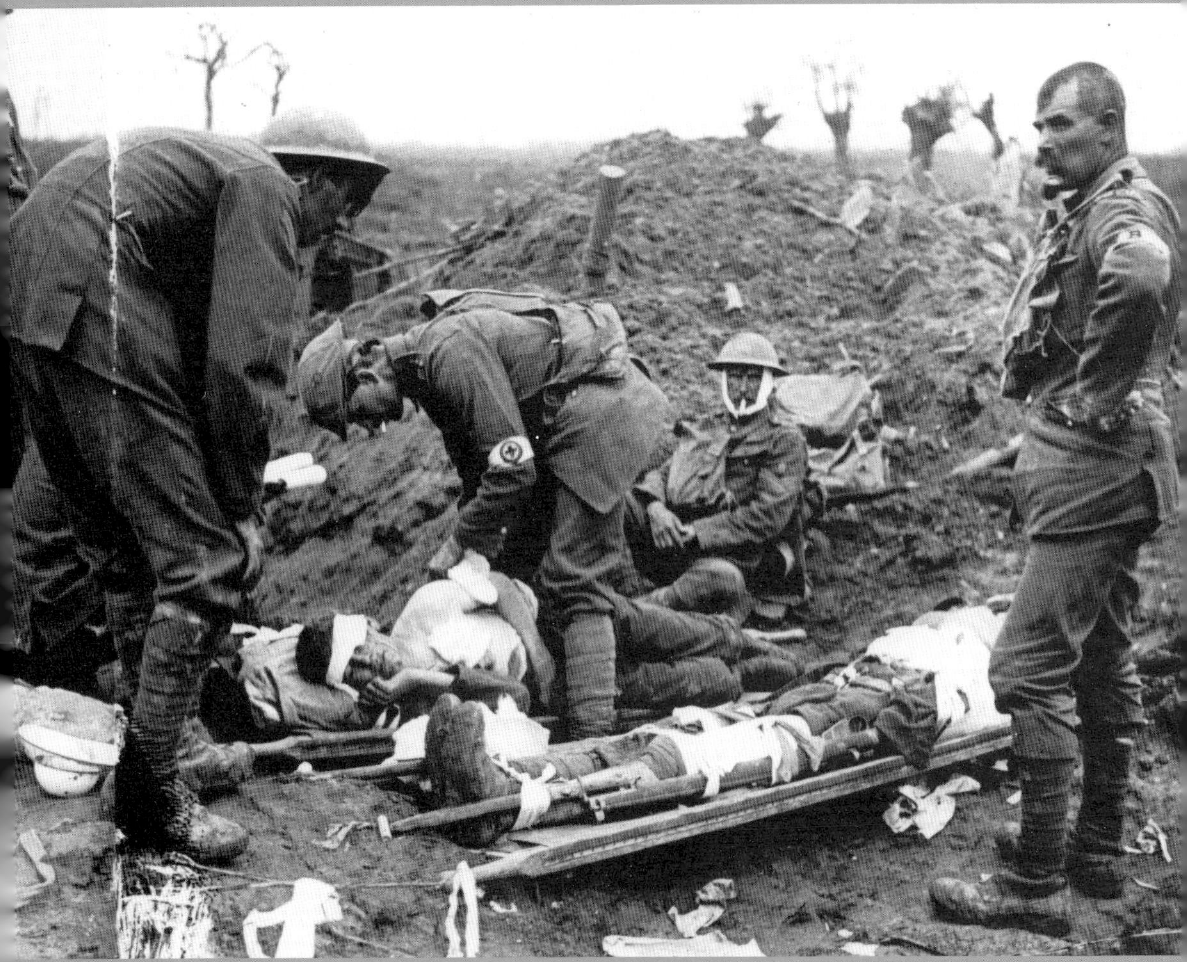

Y groes a roddwyd uwchben bedd Hedd Wyn, cyn symud ei gorff i fedd parhaol a gosod carreg fedd uwch ei orweddle.

The cross used to mark Hedd Wyn's grave, before his body was moved to a permanent grave and a headstone placed above his resting-place.

60117 PTE E. H. EVANS
15TH WELCH FUS
31/7/17

Bedd Hedd Wyn.   Hedd Wyn's grave.

61117 PRIVATE
E. H. EVANS
ROYAL WELCH FUSILIERS
31ST JULY 1917 AGE 30

Y PRIFARDD HEDD WYN

Tafarn Haeg-Bosch ar Drum y Groes Haearn, Cefn Pilkem. Lladdwyd Hedd Wyn yn ymyl y dafarn hon, ond roedd yr adeilad wedi'i chwalu erbyn Gorffennaf 31, 1917. Tynnwyd y llun hwn ar Orffennaf 1, 1916, pan oedd Cefn Pilkem yng ngafael yr Almaenwyr. Saif pum milwr Almaenig o flaen y dafarn yn y llun.

The Haeg-Bosch Tavern on Iron Cross Ridge, Pilkem Ridge. Hedd Wyn fell near this tavern, but the building had disappeared by July 31, 1917. The photograph was taken on July 1, 1916, when Pilkem Ridge was held by the enemy. Five German soldiers are standing in front of the tavern in the photograph.

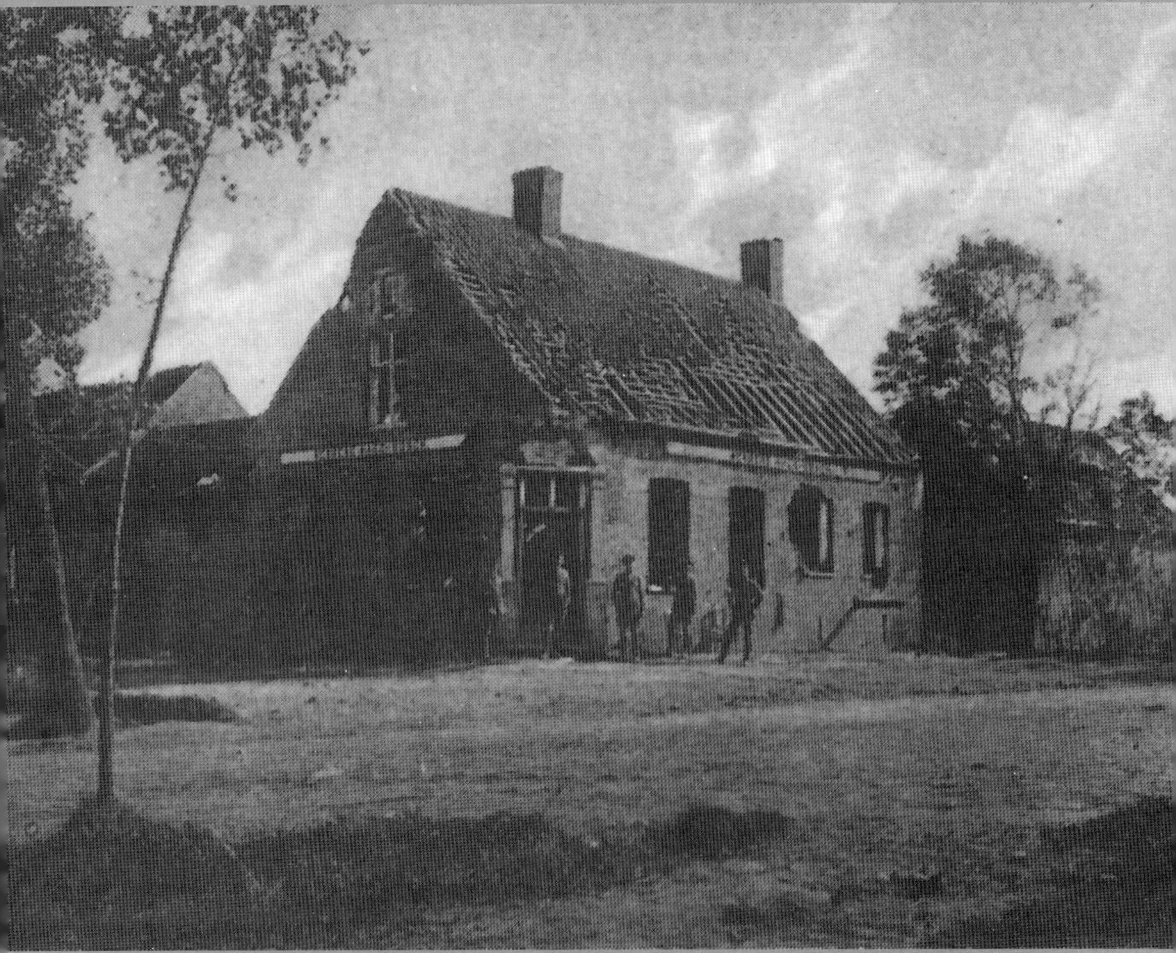

PENNOD 5

Coffáu a Chofio Hedd Wyn

Cyfnod o bryder mawr i deulu'r Ysgwrn oedd y dyddiau a'r nosweithiau di-gwsg a arweiniai at ddiwrnod derbyn y gair swyddogol, terfynol ynghylch marwolaeth Hedd Wyn. Nid oedd y teulu wedi derbyn llythyr oddi wrtho ers peth amser, ac argoel drwg yn aml oedd mudandod o'r fath yn ystod blynyddoedd y rhyfel. Yn raddol, dechreuodd y si ei fod wedi'i ladd dreiddio drwy'r fro. Peth cyffredin yn y cyfnod oedd clywed sibrydion o'r fath ymhell cyn i'r fyddin gadarnhau'n swyddogol fod rhywun wedi'i ladd. Byddai milwyr mewn llythyrau at eu teuluoedd neu eu cydnabod yn sôn am farw bechgyn eraill o'r un ardal neu o gyffiniau cyfagos; byddai milwyr a oedd gartref ar egwyl o'r fyddin yn dod â straeon o'r ffosydd i'w canlyn, rhai'n gywir, rhai'n anwir. Cyfnod felly ydoedd, cyfnod o ofn ac o ansicrwydd, anniddigrwydd ac anhunedd, cyfnod yr aros am lythyrau, a'r llythyrau hynny, yn aml, yn cyrraedd ar ôl marwolaeth y llythyrwr. Digwyddodd hynny pan dderbyniodd Jini Owen lythyr oddi wrth Hedd Wyn, ynghyd â cherdd i ddathlu ei phen-blwydd yn 27 oed, yn Awst 1917. Yr oedd Hedd Wyn wedi marw ers wythnos erbyn i'r llythyr gyrraedd ei gariad.

Yn ôl erthygl gan J. Ellis Williams, llythyr o Ffrainc gan filwr o Drawsfynydd, Robin Jones, at ei fodryb, Elin Owen, a roddodd gychwyn i'r stori fod y bardd wedi cwympo. Aeth y stori ar wib wyllt drwy'r ardal. Yn naturiol, daeth i glyw Evan a Mary Evans. Soniodd Enid Morris am y modd yr oedd pryder ei rhieni am eu mab yn pwyso arnyn nhw ddydd a nos. Ni allent wneud dim ond gweddïo, a gobeithio ei fod yn fyw o hyd. Ar Awst 24, daeth y gobeithio i ben. Parlyswyd Trawsfynydd a'r cyffiniau gan y

CHAPTER 5

Commemorating & Remembering Hedd Wyn

The restless days and nights leading up to the day when the official and final notification of Hedd Wyn's death arrived was a time of great anxiety for the Ysgwrn family. The family hadn't received a letter from Hedd Wyn for some time, and that was always a bad omen during the years of the war. Gradually, the rumour that he had been killed began to circulate throughout the Trawsfynydd area. Rumours of this kind were a common occurrence during the years of the war, before families received official notification of a loved one's death. Soldiers in their letters home would mention others from the same area, or from neighbouring areas, who had been killed, long before families received official notification; soldiers home on leave would bring stories back with them, some true, some false. It was a time of fear and uncertainty, of anxiety and restlessness, a time of waiting for letters, letters that would often arrive after the letter-writer had been killed. That happened when Jini Owen received a letter from Hedd Wyn in August 1917, in which was enclosed a simple poem to celebrate her 27th birthday. By the time the letter reached his sweetheart, Hedd Wyn had been dead for a week.

According to an article written by J. Ellis Williams, a letter sent from France by a soldier from Trawsfynydd, Robin Jones, to his aunt, Elin Owen, gave rise to the rumour that the poet had fallen. The rumour swept like wildfire through the whole Trawsfynydd area. Naturally, it reached Evan and Mary Evans. Enid Morris remembered how their anxiety for their son weighed on her parents day and night. They could only pray,

newyddion brawychus. Fel hyn y disgrifir effaith ei farwolaeth ar y fro gan R. Silyn Roberts:

and hope that he was still alive. On August 24, all hope was lost. Trawsfynydd and neighbouring villages were paralysed by the devastating news. R. Silyn Roberts wrote of the effect his death had on the whole community:

Some days later the dread news reached the peaceful hamlet in the wilds of Merioneth. All work in the village and on the neighbouring farms stopped. More than a dozen Trawsfynydd boys had fallen before him, and had been mourned for. But Hedd Wyn! The poet, the genius, kind, unassuming, everybody's friend, was no more. The children returned from school with frightened, tear-stained faces: their Sunday school teacher, who had them merry so often with his funny words and tales, would never return.

Cofáu a Chofio Hedd Wyn

Dechreuodd llythyrau o gydymdeimlad lifo i gyfeiriad Yr Ysgwrn. Ar y pryd, nid oedd Hedd Wyn yn adnabyddus ar raddfa genedlaethol, a phobl leol oedd y rhai cyntaf i fynegi cydymdeimlad â'r teulu galarus. Dechreuodd cerddi er cof am Hedd Wyn lenwi colofnau'r papurau lleol, ond o blith yr holl gerddi a luniwyd ar y pryd i'w goffáu, y farwnad enwocaf i'r bardd o Drawsfynydd oedd yr wyth englyn a luniwyd gan R. Williams Parry, gyda'u cyfuniad o grefft gaboledig ac angerdd teimlad:

1. Y bardd trwm dan bridd tramor, y dwylaw
     Na ddidolir rhagor:
   Y llygaid dwys dan ddwys ddôr,
   Y llygaid na all agor!

   Wedi ei fyw y mae dy fywyd, dy rawd
     Wedi ei rhedeg hefyd:
   Daeth awr i fynd i'th weryd,
   A daeth i ben deithio byd.

   Tyner yw'r lleuad heno tros fawnog
     Trawsfynydd yn dringo:
   Tithau'n drist a than dy ro
   Ger y Ffos ddu'n gorffwyso.

Letters of condolence flowed from everywhere to the poet's home. At the time, Hedd Wyn wasn't a national figure, and neighbours, local people, friends and acquaintances of the poet were the first to extend their sympathy to the grief-stricken family. Poems in memory of Hedd Wyn began to fill the columns of local newspapers, but of all the elegies written to Hedd Wyn at the time, the most famous poem in memory of the poet from Trawsfynydd was written by R. Williams Parry, an elegy consisting of eight *englynion*, dazzling in their craftsmanship and emotionally poignant:

1. The sad poet lies under alien soil
    In silence forever;
   His two hands too still to stir,
   Eyes that can see no longer.

   Your lifetime is now over, your brief life
    By your flame made brighter;
   Your dust untimely interred,
   Your roving done forever.

   The moon shines gently tonight; as it seeps
    Trawsfynydd in moonlight
   You lie still, your eyes closed tight,
   Still by a trench in starlight.

Trawsfynydd! Tros ei feini trafaeliaist
    Ar foelydd Eryri:
  Troedio wnest ei rhedyn hi,
  Hunaist ymhell ohoni.

Coffáu a Chofio Hedd Wyn

2. Ha frodyr! Dan hyfrydwch llawer lloer
    Y llanc nac anghofiwch;
  Canys mwy trist na thristwch
  Fu rhoddi'r llesg fardd i'r llwch.

Garw a gwael fu gyrru o'i gell un addfwyn,
    Ac o noddfa'i lyfrgell:
  Garw fu rhoi'i bridd i'r briddell,
  Mwyaf garw oedd marw ymhell.

Gadael gwaith a gadael gwŷdd, gadael ffridd,
    Gadael ffrwd y mynydd:
  Gadael dôl a gadael dydd,
  A gadael gwyrddion goedydd.

Gadair unig ei drig draw! Ei dwyfraich,
    Fel pe'n difrif wrandaw,
  Heddiw estyn yn ddistaw
  Mewn hedd hir am Un ni ddaw.

You trod on Trawsfynydd's marshland, on rock
    And bracken and peatland;
  You loved to roam your homeland,
  Now you lie in a foreign land.

2.   Brothers, remember in earnest the lad,
      When the moon shines brightest:
    Sadder it was than sadness
    To lay the frail poet to rest.

To send a lad so tender from his hearth,
    From his home, was bitter,
  To have his body interred
  In alien soil was crueller.

Leaving labour and furrow, leaving streams,
    Mountain pastures also;
  Leaving day, leaving meadow,
  Leaving woods where green leaves grow.

Pining for its companion, the Chair waits,
    Alone and forsaken,
  In peace and with compassion
  For one who will never return.

Commemorating & Remembering Hedd Wyn

Coffáu a Chofio Hedd Wyn

Âi cyfeillion a chydnabod i Hedd Wyn ac i'r teulu yn ôl ac ymlaen i'r Ysgwrn am bythefnos gyfan ar ôl i'r newyddion am ei farwolaeth gyrraedd Trawsfynydd – blaenllif y pererindota cyson i gartref y bardd o 1917 ymlaen. Tarfwyd ar fyd cuddiedig a thawel Evan a Mary Evans, ond bu caredigrwydd cymdogion yn gysur mawr iddyn nhw drwy'r dyddiau enbyd hyn. Dilynwyd y newyddion am ei farw gan y newyddion syfrdanol am ei fuddugoliaeth yn Birkenhead. Teimlai'r rhieni yn falch o'u mab, ond balchder trist ydoedd: marwolaeth a buddugoliaeth, gwobr ac aberth, diweddu bywyd a gwireddu breuddwyd yn un.

Os bu aelwyd Yr Ysgwrn yn ferw o ymwelwyr cyn Medi 6, bu'n nyth morgrug o brysurdeb ar ôl y Brifwyl, a'r llythyrau llongyfarch a chydymdeimlo yn cyrraedd yn llif beunyddiol cyson. Fel hyn y cofnodwyd ymateb y fro i orchest Hedd Wyn yn y Brifwyl gan *Y Rhedegydd*:

> Anhawdd ydyw sylweddoli fod y fath beth a chadair ddu wedi disgyn i ran cwm tawel Trawsfynydd, ond hyn sydd ffaith. Pan ddaeth y newydd, dydd Iau mai awdl ar 'Yr Arwr', Hedd Wynn oedd yn fuddugol yn Eisteddfod Birkenhead aeth fel hediad mellten, trwy'r ardal ac o'r fath deimlad oedd trwy y lle – anhawdd dychmygu am y galar a'r gofid oedd i'w ganfod ar wynebau pawb trwy y lle …
>
> … Rhyfedd meddwl fod y fath athrylith wedi codi mewn lle fel Trawsfynydd – mab yr Ysgwrn, mab i ffarmwr cyffredin, ac yntau ei hun yn ffarmwr, heb gael dim

Friends of the family and many of Hedd Wyn's acquaintances visited Yr Ysgwrn for a whole fortnight after the news of his death reached Trawsfynydd – the first pilgrimages to the poet's home from 1917 onwards. The isolated, quiet world of Evan and Mary Evans was disrupted, but the kindness shown by neighbours was a great source of comfort to the family during those difficult days. The news of Hedd Wyn's death was soon followed by the incredible news of his success at Birkenhead. Both parents felt proud of their son, but it was a pride seeped in sadness. Triumph and tragedy, prize and sacrifice, bereavement and achievement were inseparably interwoven.

If Yr Ysgwrn saw countless visitors before September 6, after the Birkenhead Eisteddfod the remote farmhouse became a flurry of activity, and letters of congratulations and commiserations arrived daily. This is how *Y Rhedegydd* recorded the local response to Hedd Wyn's remarkable victory at Birkenhead:

> It is difficult to accept that such a thing as the black chair has befallen the quiet valley of Trawsfynydd, but it's a fact. When the news arrived on Thursday that Hedd Wyn's poem 'The Hero' had won at the Birkenhead Eisteddfod, it darted like lightning through the whole community, and there was so much emotion through the place – it is difficult to imagine the grief and the anxiety that could be seen on every face throughout the place …
>
> … It is strange to think that such a genius has emerged from a place like Trawsfynydd – the son of Yr Ysgwrn, the

Coffáu a Chofio Hedd Wyn

addysg uwch na'r hen British School ac eto yn meddu ar y fath allu a rhagoriaeth. Yr oedd Hedd Wyn wedi dringo i fyny yn hollol yn ei nerth ei hun – hunanddisgyblaeth, ac wedi dal i ddringo hyd nes y cawn ef wedi gorchfygu pedwar ar ddeg o gewri ym myd Barddas a chipio y brif gadair eisteddfodol …

Yn fuan ar ôl Eisteddfod Birkenhead, dechreuwyd ar y trefniadau i goffáu Hedd Wyn ac i anrhydeddu ei orchest yn yr Eisteddfod. Ffurfiwyd pwyllgor ar unwaith i ddechrau ar y broses o goffáu Hedd Wyn, gyda J. D. Richards yn Llywydd, a J. R. Jones, yr ysgolfeistr lleol, yn Ysgrifennydd. Cyfrifoldeb cyntaf y Pwyllgor Coffa oedd cyhoeddi gwaith Hedd Wyn ar ffurf cyfrol. Bwriadai'r pwyllgor lleol hwn, a elwid hefyd yn Bwyllgor Trawsfynydd, godi arian i goffáu Hedd Wyn mewn modd teilwng trwy alw o dŷ i dŷ yn Nhrawsfynydd a'r cyffiniau, ond roedd pwyllgor arall wedi cael ei sefydlu eisoes i'r diben hwnnw. Prif gyfrifoldeb y pwyllgor lleol, mewn gwirionedd, oedd cyhoeddi'r gyfrol, a phrif gyfrifoldeb y pwyllgor arall, y Pwyllgor Coffa Cenedlaethol, oedd coffáu Hedd Wyn mewn modd llawer mwy uchelgeisiol a pharhaol. Cychwynnwyd y ddau fudiad ar wahân, yn gwbl annibynnol ar ei gilydd. Yn Eisteddfod Birkenhead y cychwynnwyd mudiad y gofeb, gan y Cadfridog David Davies, AS, ac yn ddiweddarach fe'i penodwyd yn Llywydd y Pwyllgor Coffa yn swyddogol.

Ar ôl cynnal cyfarfod coffa i'r bardd yn Nhrawsfynydd ar Fedi 13 y ffurfiwyd y Pwyllgor Coffa Cenedlaethol yn derfynol.

son of an ordinary farmer, and he himself a farmer, who hadn't received any higher education than the old British School, and yet he possessed such talent and excellence. Hedd Wyn had bettered himself through his own efforts – self-discipline, and had kept improving until he was able to defeat fourteen poets of note and win the most important eisteddfod chair of all ...

Soon after the Birkenhead Eisteddfod, arrangements were made to commemorate Hedd Wyn and to celebrate his achievement at Birkenhead. A committee was formed immediately to begin the process of commemoration. J.D. Richards was appointed as President of the committee, and J.R. Jones, the local schoolmaster, as Secretary. The first responsibility of the Remembrance Committee was to publish a volume of Hedd Wyn's poetry. This local committee, also known as the Trawsfynydd Committee, also intended to commemorate Hedd Wyn in a more worthy and permanent manner by collecting money from door to door, but another committee had been formed for that same purpose. In actual fact, publishing a volume of Hedd Wyn's verse was to be the local committee's main responsibility, whilst the National Remembrance Committee was to be responsible for commemorating the poet in a much more permanent and ambitious way. These committees were formed separately and independently. The memorial committee was formed at the Birkenhead Eisteddfod itself by General David Davies, MP, who was later formally elected as the President of the committee.

Lluniau o'r ffilm *Hedd Wyn* (1992): Huw Garmon fel Hedd Wyn a Judith Humphreys fel Jini Owen.

Stills from *Hedd Wyn* (1992): Huw Garmon as Hedd Wyn and Judith Humphreys as Jini Owen.

HEDD WYN

Commissioned by

S4C

Produced by Pendefig

Huw Garmon
fel Hedd Wyn.

Huw Garmon
as Hedd Wyn.

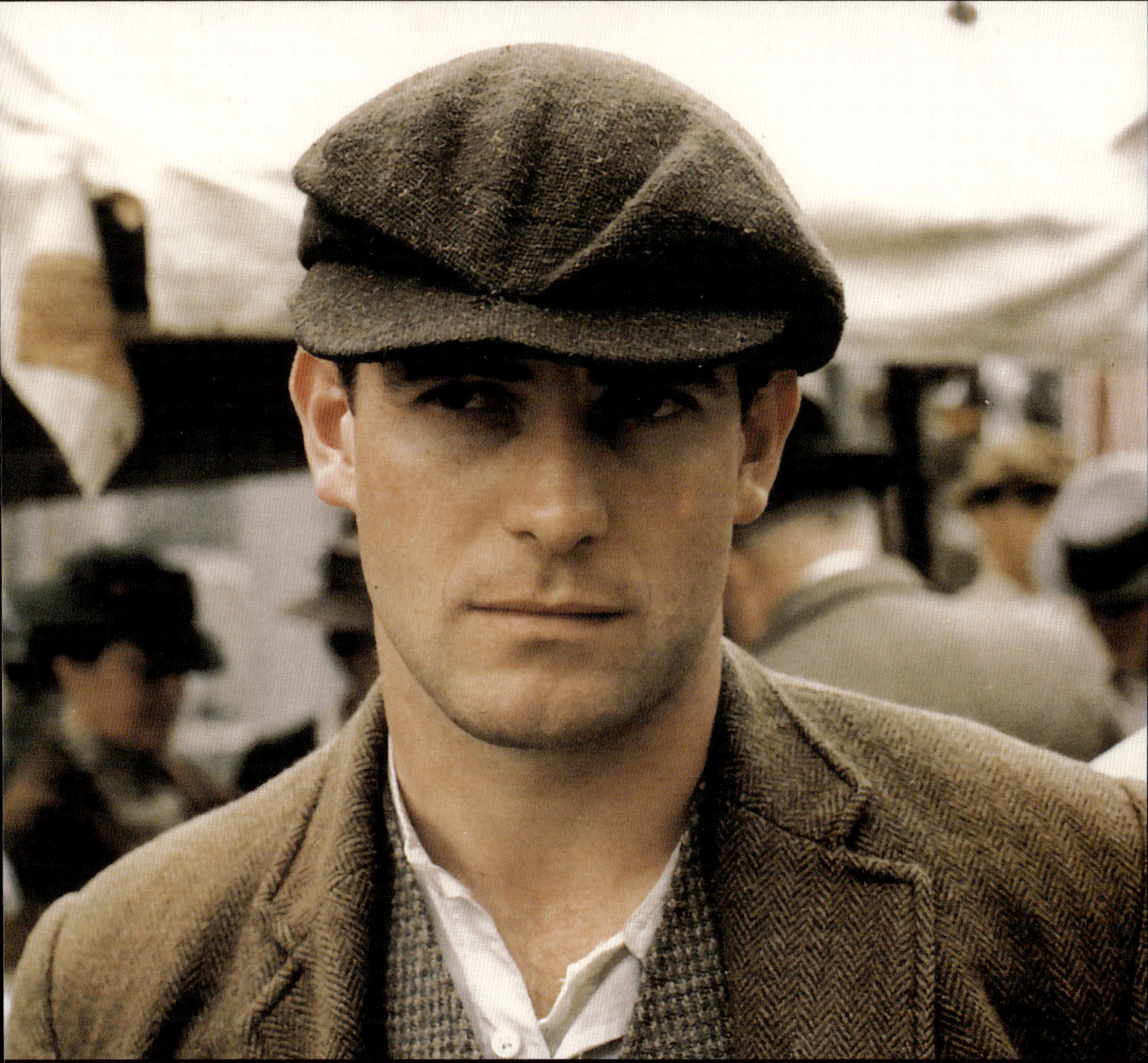

Yr Awen yn wylo uwch bedd Hedd Wyn, cerdyn post coffa wedi'i ddylunio gan yr artist J. Kelt Edwards.

The Muse weeping over Hedd Wyn's grave, a commemorative postcard designed by the artist, J. Kelt Edwards.

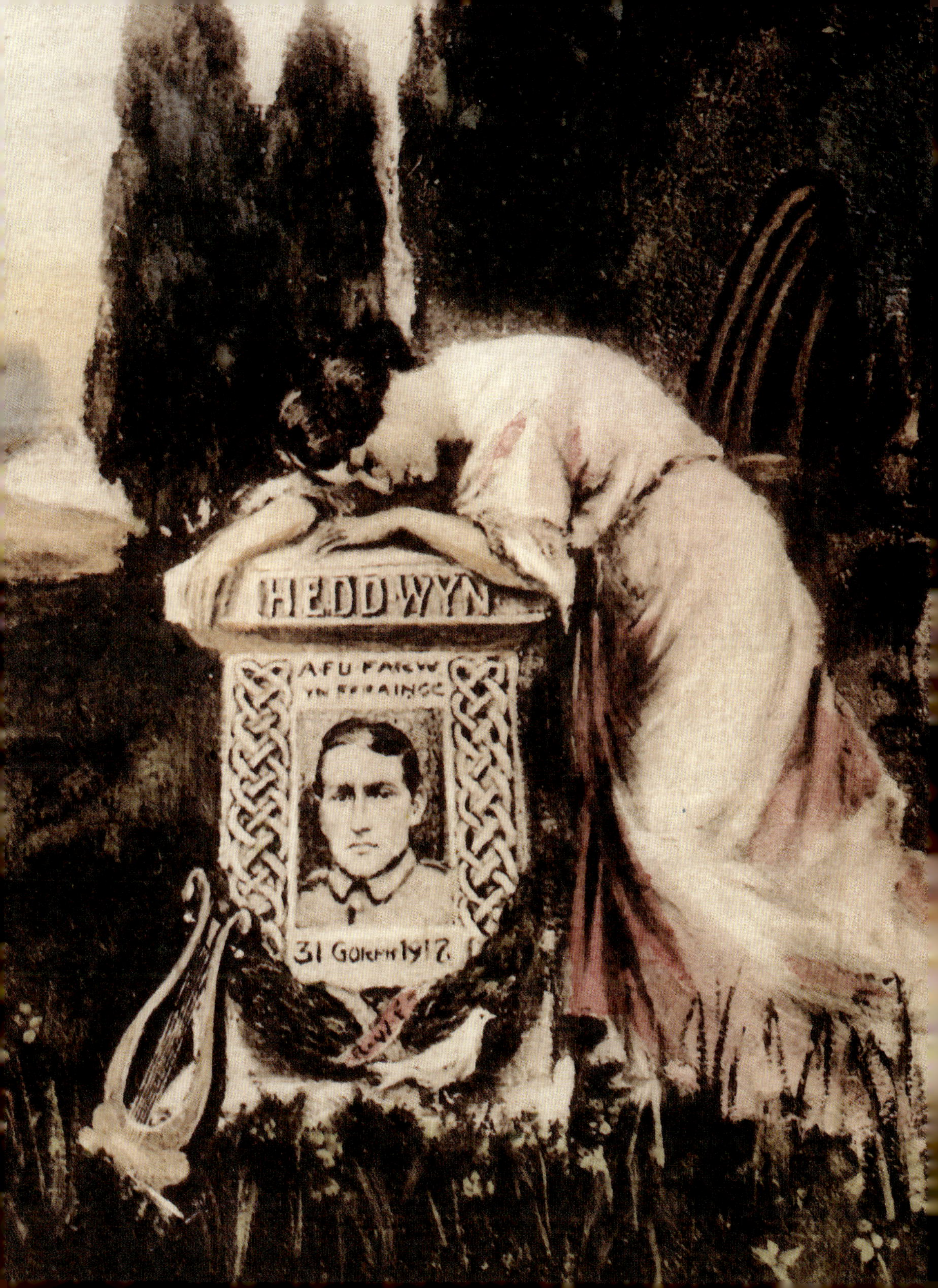
HEDD WYN

Poster poblogaidd o Hedd Wyn, gydag englyn gan Alan Llwyd a darlun o waith Sheryl Harris.

A popular poster of Hedd Wyn, with an *englyn* by Alan Llwyd and an illustration by Sheryl Harris.

'Ysbryd Hedd Wyn' gan Sheryl Harris

YR YSGWRN

Mae artaith y nosweithiau – o hiraeth
Yng ngherrig y muriau;
Yn nwyster trwm y distiau
Mae eco cyd-wylo dau.

Alan Llwyd

Poster S4C o'r ffilm *Hedd Wyn*.

S4C poster of the film *Hedd Wyn*.

HEDD WYN

'Why was I born into this age,
In which mankind has exiled God?'
From his poem 'War'

Ei aberth nid â heibio, - ei wyneb
Annwyl nid â'n ango,
Er i'r Almaen ystaenio
Ei dwrn dur yn ei waed o.

Hedd Wyn

Ffilm gan / A Film by
Paul Turner
ar gyfer / for:
S4C

Cast:
Huw Garmon, Sue Roderick, Judith Humphreys, Nia Dryhurst, Gwen Ellis, Grey Evans, Llio Silyn, Catrin Fychan, Emlyn Gomer, Arwel Gruffydd, Gwyn Vaughan, Phil Reid.

Criw / Crew:
Cyfarwyddwr / Director Paul Turner. Cynhyrchydd / Producer Shan Davies. Sgript / Screenplay Alan Llwyd.
Ffotograffiaeth / Director of Photography Ray Orton. Cyfarwyddwyr Celf / Set Design Directors Jane Roberts / Martin Morley.
Cyfansoddwr Cerddoriaeth / Composer of Music John E.R. Hardy. Golygydd Ffilm / Film Editor Chris Lawrence.

Dosbarthwyd gan / Distributed by:
MENTRAU S4C, Parc Ty Glas, Llanisien, Caerdydd. CF4 5DU Ffôn/Tel 0222 747444 Ffacs/Fax 0222 754444

© HAWLFRAINT / COPYRIGHT S4C MCMXCII

Tystysgrif yr
enwebiad Oscar.

Certificate of the
Oscar nomination.

CERTIFICATE
OF
NOMINATION
FOR
AWARD

Be it known that

"HEDD WYN"

was nominated for an

ACADEMY AWARD OF MERIT

for outstanding achievement

Best Foreign Language Film of 1993

A Pendefig Cyf Production

United Kingdom

This judgment being rendered with reference to Motion Pictures first exhibited in the country of origin from November 1, 1992 to October 31, 1993

President

Secretary

ACADEMY OF MOTION PICTURE ARTS AND SCIENCES

Lluniau o'r ffilm. Stills from the film.

HEDD WYN

Judith Humphreys as Jini Owen and Huw Garmon as Hedd Wyn in a scene from the Oscar-nominated Film HEDD WYN.

Huw Garmon as Hedd Wyn in a World War I trenches death scene.

Sue Roderick and Huw Garmon as Lisi Roberts and Hedd Wyn.

Huw Garmon and Judith Humphreys as the young lovers Jini Owen and Hedd Wyn.

World War I French trenches scene.

Huw Garmon as Hedd Wyn with bardic chair.

Judith Humphreys a Huw Garmon fel Jini Owen a Hedd Wyn.	Judith Humphreys and Huw Garmon as Jini Owen and Hedd Wyn.

Oscar Nominated
HEDD WYN

"Why was I born into this age,
In which mankind has exiled God?"

From Hedd Wyn's poem *War*

A Film by Paul Turner For S4C

Coffáu a Chofio Hedd Wyn

Penodwyd Syr E. Vincent Evans, Ysgrifennydd yr Eisteddfod Genedlaethol ac un o blant Trawsfynydd, yn Drysorydd, ac R. Silyn Roberts yn Ysgrifennydd. Ni allai cylch Trawsfynydd ei hun fyth gasglu digon o arian i godi cofeb i Hedd Wyn, a rhaid oedd cael gwŷr o ddylanwad eang, cenedlaethol i sicrhau llwyddiant i fenter o'r fath. Nid gweithio ar wahân a wnâi'r ddau bwyllgor hyn ond cydweithio a chydgyfarfod yn hytrach, a'r brif ddolen gyswllt rhwng y ddau bwyllgor oedd J. R. Jones. Ef a fwydai'r wasg â gwybodaeth am yr arian a gesglid ac am bob cynnydd a wneid gan y ddau bwyllgor. J. R. Jones oedd y gŵr a lafuriodd fwyaf ynglŷn â'r gyfrol goffa, a'r bwriad o'r dechrau oedd trosglwyddo'r elw a wneid arni i gronfa'r gofeb. Anfonodd y gŵr diwyd hwn doreth o lythyrau at y papurau newydd yn apelio am gopïau o gerddi o eiddo Hedd Wyn a oedd ym meddiant cyfeillion a chydnabod iddo, a hefyd ym meddiant ysgrifenyddion eisteddfodau, ac ysgrifenyddion cyfarfodydd llenyddol lleol.

Gwahoddwyd J. J. Williams gan y Pwyllgor Coffa i olygu'r gyfrol, ac anfonodd J. R. Jones doreth o ddeunydd ato wedi iddo dderbyn y gwahoddiad hwn. Tybiai aelodau'r Pwyllgor fod J.J. yn ddewis addas iawn gan mai ef a bleidiai gadeirio Hedd Wyn ym 1916 yn Eisteddfod Genedlaethol Aberystwyth, a chan fod ei awdl 'Y Lloer' yn un o hoff awdlau Hedd Wyn.

Erbyn Chwefror 8, 1918, roedd J. J. Williams wedi dod i ben â'r gwaith o ddidol a threfnu'r holl ddeunydd. Tua chanol mis Mawrth yr oedd y gyfrol yn y wasg, a 600 o bobl wedi ei harchebu ymlaen llaw. Disgwylid gweld ei chyhoeddi ym mis Mai,

The National Remembrance Committee, as opposed to the Local Remembrance Committee, was finally formed after a meeting to remember and honour the poet was held at Trawsfynydd on September 13. Sir E. Vincent Evans, Secretary of the National Eisteddfod and a native of Trawsfynydd, was appointed Treasurer to the committee, and R. Silyn Roberts was appointed Secretary. It was impossible for the Trawsfynydd area alone to raise sufficient funds to pay for a permanent memorial, and to appoint men of national eminence and wide influence to key positions on the committee was of prime importance if the scheme was to succeed. These two committees worked closely together and met frequently, and the main link between both committees was J.R. Jones. He fed the newspapers with information regarding the sums raised and the progress made by both committees. J.R. Jones worked harder than anyone to raise money to publish the remembrance volume, and any profit derived from the proceeds of the book was to be transferred to the memorial fund. J.R. Jones wrote numerous letters to the press appealing for copies of poems by Hedd Wyn.

The Remembrance Committee invited J.J. Williams to act as editor of the book, he accepted, and J.R. Jones sent a vast amount of material to him. The committee members were of the opinion that J.J. Williams was an ideal choice because, as adjudicator of the chair competition at the 1916 Aberystwyth National Eisteddfod, he wanted to award the chair to Hedd Wyn.

By February 8, 1918, J.J. Williams had completed the task of sorting out the vast material provided by J.R. Jones. By the

ond ym mis Awst y cyhoeddwyd hi yn y diwedd. Cyhoeddwyd mil o gopïau o'r gyfrol yn Awst 1918, a gwerthwyd pob copi mewn pum niwrnod. Aethpwyd ati ar unwaith i argraffu mil arall.

Gyda'r gyfrol wedi'i chyhoeddi, gallai'r Pwyllgor Coffa Cenedlaethol yn awr ganolbwyntio ar y gwaith mwy dyrys ac uchelgeisiol o sicrhau coffadwriaeth barhaol iddo. Nid heb lawer o drafod a chydgyfarfod y penderfynwyd codi cofeb ar ffurf cerflun iddo yn Nhrawsfynydd.

Erbyn Awst 23, 1919, pan luniwyd mantolen y gyfrol flwyddyn ar ôl ei chyhoeddi, yr oedd wedi gwerthu 2,675 o gopïau. Pedair mil o gopïau oedd yr argraffiad cyntaf, a gwerthwyd pob copi yn y pen draw.

Fodd bynnag, ni ellid penderfynu'n union pa ffurf a gymerai'r gofeb hyd nes y gwelid pa mor llwyddiannus oedd yr apêl am arian, a threuliwyd tair blynedd a rhagor yn casglu cyfraniadau ariannol. Roedd cyhoeddi'r gyfrol goffa yn llwyddiant amlwg, a rhoddodd yr elw a wnaethpwyd arni, tua £50, gychwyn da i'r gronfa.

Apeliwyd drwy'r wasg am gyfraniadau ariannol. Llifai'r arian i mewn o bob cyfeiriad, a chyhoeddid enwau'r cyfranwyr ynghyd â'r swm o arian a roddwyd ganddynt yn gyson ym mhapurau a chyfnodolion y cyfnod. Erbyn diwedd 1918 yr oedd £227. 6s. 8d. yn y gronfa. Cesglid arian gan gymdeithasau llenyddol ac eglwysig, gan ysgolion a chan unigolion. Hysbysebwyd y bwriad i godi arian ar gyfer cofeb i'r bardd yn *Y Drych*, papur Cymry America, a phenodwyd pedwar gŵr i fod yn gyfrifol am gasglu

middle of March the manuscript had reached the printers, and 600 people had ordered the book in advance. The book was initially due to be published in May, but was slightly delayed and eventually published in August. A thousand copies were printed, and every copy was sold within five days. A further thousand copies were immediately printed.

With the book published, the National Remembrance Committee could now concentrate on the more difficult and more ambitious task of raising funds to erect a permanent memorial. After several discussions and many meetings, it was decided that the memorial was to take the form of a statue of Hedd Wyn.

By August 23, 1919, a year after publication, the balance sheet showed that 2,675 copies of the book had been sold. In all, the first edition consisted of 4,000 copies, and eventually every copy was sold.

However, it was impossible to decide what form the memorial would finally take until the committee knew how much money had been accumulated, and three years were spent collecting financial contributions. The remembrance volume had obviously been a success, making a profit of almost £50. This profit gave the memorial fund a good beginning.

Appeals for contributions were made through the press. Money flowed in from every direction, and the names of contributors were printed continuously in the newspapers and periodicals of the time. By the close of 1918, £227. 6s. 8d. had been collected. Literary and religious societies, schools and individuals, collected money. The intention to raise funds to

arian yn yr Unol Daleithiau. Erbyn Hydref 18, 1920, roedd £736 o arian yn y gronfa. Caewyd y gronfa ar Ionawr 21, 1921, a'r cam mawr nesaf oedd penderfynu ar ffurf y gofeb ac ar ei gwneuthurwr.

Cyfarfu aelodau'r Pwyllgor Coffa yn gyson â'i gilydd o ddechrau 1921 ymlaen, a bu llawer o lythyru rhyngddyn nhw. Roedd aelodau'r pwyllgor yn awyddus iawn erbyn hynny i symud ymlaen, gan fod tair blynedd eisoes wedi dirwyn heibio er pan laddwyd Hedd Wyn. Penderfynwyd y dylid defnyddio'r rhan fwyaf o'r arian i godi cofeb i'r bardd yn Nhrawsfynydd, a'r gweddill ohono i'w ddefnyddio i sefydlu ysgoloriaeth i fechgyn a merched disglair, ond di-gefn, Trawsfynydd, i'w galluogi i dderbyn addysg uwch. Rhoddwyd heibio'r syniad o adeiladu 'Darllenfa Hedd Wyn', gan nad oedd digon o arian wedi cyrraedd ar gyfer menter o'r fath. Bu llawer o bendroni ynglŷn ag union ffurf y gofeb. Un awgrym oedd y dylid codi cofeb i Hedd Wyn, a'i gosod yn rhywle yng nghanol y pentref, a phrif ddewis y Pwyllgor i lunio'r gofeb oedd Syr W. Goscombe John, y cerflunydd o Gaerdydd, cynllunydd nifer o fedalau i'r Eisteddfod Genedlaethol, a lluniwr y gofeb i Evan a James James, a gyfansoddodd 'Hen Wlad fy Nhadau', a osodwyd ym Mharc Ynysangharad ym Mhontypridd. Anfonodd E. Vincent Evans lythyr at Silyn Roberts ar Fedi 22, 1921, yn amlinellu rhai o'i syniadau ynghylch y gofeb arfaethedig:

pay for a memorial to the poet was advertised in *Y Drych*, the Welsh-American newspaper, and four men were appointed to collect funds in the United States. By October 18, 1920, £736 had been collected. The fund was closed on January 21, and the next important step was to decide what form the memorial would take, and who would be commissioned to do the work.

From the beginning of 1921 onwards, the committee members met often and frequently corresponded with each other. They were eager to move things forward, as three years had already elapsed since the poet's death. It was decided that most of the money should be used to erect a memorial to the poet at Trawsfynydd, and the remaining sum to be used to establish a scholarship to further the education of intelligent, but unprivileged, boys and girls from the Trawsfynydd area. The possibility of establishing a 'Hedd Wyn Reading Room' was completely discarded, as funds were insufficient to meet the costs of such a venture. The exact form the memorial would take was still a matter of conjecture. A suggestion was made that a memorial to Hedd Wyn should be erected and placed somewhere in the middle of the village, and the committee's first choice to create the memorial was Sir W. Goscombe John, the sculptor from Cardiff who had designed various medals for the National Eisteddfod, and who was also the sculptor of the memorial to Evan and James James, author and composer of the Welsh national anthem, in Ynysangharad Park in Pontypridd. E. Vincent Evans sent a letter to Silyn Roberts on September 22, 1921, outlining some of his ideas concerning the proposed memorial:

Coffáu a Chofio Hedd Wyn

Fy syniad presennol i am y gofadail yw ymgynghori a Syr Goscombe i ddechreu. Nid yw'n debig y gwna ef ddim am y pris sydd gennym i'w gynyg, ond hwyrach y gallai berswadio Ei ddisgybl Merrifield (cerflunydd y Pantycelyn yng Nghaerdydd) i ymroi i wneyd Village Memorial teilwng gyda relief portrait o Hedd Wyn yn rhywle. Am y scholarship rwyn credu'n sicr fod yn rhaid cyfyngu hono i Fangor ac Aberystwyth ac y dylid ei chysylltu rywfodd a Llenyddiaeth Gymraeg.

L. S. Merrifield, y cerflunydd ifanc o Lundain, a gomisiynwyd yn y pen draw i lunio'r gofeb. Roedd wedi ennill llawer o glod am ei gerflun o William Williams Pantycelyn, yr emynydd mawr, o farmor Y Rhondda, a osodwyd yn Neuadd y Ddinas yng Nghaerdydd. Arwyddodd Merrifield y cytundeb ynghylch y gofeb ar Orffennaf 11, 1922. Eisoes, oddi ar fis Hydref 1921, yr oedd aelodau'r Pwyllgor Coffa wedi sicrhau safle addas iawn i'r gofeb, sef darn o dir yn ymyl y Swyddfa Bost, yng nghanol y pentref ac nid nepell o Ben-lan, lle'r oedd y tŷ y ganed Hedd Wyn ynddo.

Diwrnod mawr yn Nhrawsfynydd oedd dydd Sadwrn, Awst 11, 1923. Tyrrodd cannoedd o bobl i'r pentref i fod yn bresennol yn seremoni'r dadorchuddio. Arweiniwyd y cyfarfod gan Bryfdir, ac yn ei araith agoriadol dywedodd cadeirydd y cyfarfod, E. Vincent Evans, mai teyrnged cenedl oedd y gofeb i un o'r bechgyn mwyaf athrylithgar a fagodd Cymru erioed, ac y byddai hanes Hedd Wyn yn ysbrydoliaeth i genedlaethau'r

> At the moment I think that the first thing to do regarding the memorial is to confer with Sir Goscombe. It is unlikely that he will do anything for the sum we have to offer, but perhaps he could persuade his disciple Merrifield (the sculptor of the Pantycelyn memorial in Cardiff) to make a worthy Village Memorial with a relief portrait of Hedd Wyn somewhere. And as to the scholarship I sincerely believe that it should be confined to Bangor and Aberystwyth and that it should be connected in one way or another with Welsh Literature.

It was finally decided to commission L. S. Merrifield, the young sculptor from London, who had received much praise for his statue of William Williams Pantycelyn, the great hymn-writer, carved from Rhondda marble and placed in the City Hall, Cardiff. Merrifield accepted the commission and signed the contract on July 11, 1922. Already, since October 1921, the members of the Remembrance Committee had chosen an ideal location for the memorial, a piece of land near the Post Office in the middle of the village and in close proximity to Pen-lan, the house where Hedd Wyn was born.

Saturday, August 11, 1923, was a great day for Trawsfynydd. Hundreds of people arrived at the village to be present at the unveiling ceremony. Bryfdir presided over the proceedings, and in his opening speech, the chairman of the meeting, E. Vincent Evans, said that the memorial was a nation's tribute to one of the most gifted young men ever produced by Wales, and that

Coffáu a Chofio Hedd Wyn

dyfodol, yn enwedig o gofio am yr addysg annigonol a gawsai. Olrheiniwyd hanes y mudiad i godi cofeb i Hedd Wyn gan Silyn Roberts, a thalodd deyrnged uchel i J. R. Jones am ei lafur diflino, yntau hefyd yn bresennol yn y cyfarfod. Silyn hefyd a gyflwynodd y cerflunydd i'r gynulleidfa. Gofidiai L. S. Merrifield na allai ddeall iaith y cyfarfod, a dywedodd wrth y gynulleidfa fel yr oedd hanes Hedd Wyn, yn enwedig ei oruchafiaeth ar ei addysg anghyflawn, wedi ei gyfareddu. Credai fod ei gerflun o Hedd Wyn yn rhagori ar ei gerflun o Bantycelyn.

Dadorchuddiwyd y gofeb gan fam Hedd Wyn ar ran teulu'r Ysgwrn, yr oedd y rhan fwyaf o'i aelodau, gan gynnwys y tad, yn bresennol. Synnwyd y dorf gan y tebygrwydd rhwng y ddelw a Hedd Wyn ei hunan, er i lawer o bobl feirniadu'r cerflun o 1923 ymlaen am iddo greu darlun rhamantus o'r gwrthrych. Cofnod ffeithiol syml oedd yr arysgrif a roddwyd yn y gwenithfaen a gynhaliai'r ddelw:

HEDD WYN
Prifardd Eisteddfod Genedlaethol 1917.
Ganwyd ef yn mhlwyf Trawsfynydd a syrthiodd ar Esgair Pilkem yn Fflandrys Gorffennaf 31, 1917, yn 30 oed.

Ac o dan y cofnod, ceir yr englyn enwog, 'Nid Â'n Ango".

Bu miloedd o Gymry yn sefyll yn ymyl y gofeb hon drwy'r blynyddoedd a ddilynodd 1923. Dyma bellach gyrchfan arall i'r pererinion hynny a fynnai dalu gwrogaeth i'r bardd. Nid ei waith ynglŷn â'r gofeb oedd yr unig waith a wnaeth Silyn

Hedd Wyn's story would inspire future generations, especially when his insufficient education was taken into consideration. Silyn Roberts outlined the history of the movement to erect a memorial to Hedd Wyn, and paid a glowing tribute to J. R. Jones for his tireless work. Silyn also introduced the sculptor, L. S. Merrifield, to the audience. Merrifield expressed his regret at not being able to understand the language of the meeting, and he told the audience how Hedd Wyn's story, especially his triumph over his lack of education, had captivated him. He believed that his sculpture of Hedd Wyn surpassed his sculpture of William Williams, Pantycelyn.

Hedd Wyn's mother unveiled the memorial on behalf of the family, most of which were present, including the father. The audience was touched by the resemblance between the statue and Hedd Wyn himself, although the statue was to be criticised by future generations for its over-romanticised portrait of the poet. The base of the memorial bears a simple inscription:

HEDD WYN
Winning-poet of the National Eisteddfod 1917.
Born in the parish of Trawsfynydd, he fell on Pilkem Ridge, Flanders, July 31, 1917, aged 30.

followed by his the famous *englyn*, 'In Memoriam'.

By now, thousands of Welsh people have visited Trawsfynydd to see Hedd Wyn's statue. This was another place of pilgrimage for those who wished to pay homage to the poet. Apart from

Coffáu a Chofio Hedd Wyn

Roberts i sicrhau coffâd parhaol i Hedd Wyn. Claddwyd Hedd Wyn wedi iddo gwympo yn ymyl Trum y Groes Haearn, ar lechwedd ddeheuol Cefn Pilkem, yn ymyl *chateau* faluriedig a ddefnyddid yn ystod y rhyfel fel ysbyty dros dro, ynghyd â deg o gyrff eraill. Ar ôl y rhyfel symudwyd cyrff y milwyr o'u beddau dros dro i fynwentydd parhaol. Gosodid croesau pren uwchben y beddau gwreiddiol, ac ar bob croes rhoddid enw, rhif, bataliwn a dyddiad marwolaeth y sawl a orweddai dani, er mwyn galluogi'r awdurdodau i adnabod y cyrff yn y dyfodol, er nad oedd hynny'n bosibl bob tro.

Y gŵr a lafuriodd fwyaf ynglŷn â chofrestru pob marwolaeth a nodi gorweddfan pob milwr (hyd yr oedd hynny'n bosibl), a chynorthwyo teuluoedd galarus i ddod o hyd i union orweddle'u hanwyliaid, oedd Fabian Ware, a gafodd y glasenw iasoer 'Lord Wargraves'. Ceisiodd ef a'i gydweithwyr gofrestru a chofnodi pob marwolaeth, a phob bedd, er mai i raddau'n unig y llwyddwyd yn hyn o beth. Ar ôl y rhyfel cynlluniwyd a chodwyd llawer iawn o fynwentydd newydd sbon yn Ffrainc a Fflandrys, a symudwyd cyrff y milwyr i'r mynwentydd hyn. Gosodwyd beddfeini unffurf yn lle'r croesau pren uwchben y beddau, a phlannwyd planhigion o bob math yn y mynwentydd. Codwyd y fynwent gyntaf o'r fath ym 1920, ac erbyn 1923 fe gludid dros 4,000 o feddfeini ar longau bob wythnos i Ffrainc a Gwlad Belg. Costiodd y mynwentydd a'r beddfeini hyn oddeutu wyth miliwn o bunnoedd. Cyfrifoldeb y Comisiwn Beddau Rhyfel Ymerodrol oedd y gwaith hwn o godi mynwentydd a gosod beddfeini uwch y beddau.

his work with the memorial, Silyn was also determined that the poet's achievement and status should be inscribed on his gravestone. Hedd Wyn was buried near Iron Cross Ridge, on the southern slope of Pilkem Ridge, and close to a shattered chateau which was used as a hospital during the war. After the war, the bodies of the fallen were removed from their temporary graves and interred in permanent cemeteries. A wooden cross was placed above every temporary grave, bearing the name, number, battalion and date of death of every soldier, so that the bodies could be identified in the future, although that wasn't always possible.

The man who was mainly responsible for registering and recording every death and for ensuring that all who had died in the conflict should be remembered by name on a headstone or monument (as far as was possible), thus providing bereaved families with a site of mourning, was Fabian Ware, who was given the rather chilling nickname 'Lord Wargraves'. Ware and his team of workers endeavoured to register and document every death, and every grave, though they only met with partial success. After the war many new cemeteries were designed and built in France and Flanders, and the bodies of the fallen were removed from their temporary resting-places and interred in these cemeteries. Headstones replaced wooden crosses, and various plants were planted in the cemeteries. The first military cemetery was built in 1920, and by 1923 more than 4,000 gravestones were shipped out to France and Flanders every week. The whole venture eventually totalled eight million

Coffáu a Chofio Hedd Wyn

Symudwyd corff Hedd Wyn i un o'r mynwentydd hyn, sef mynwent Artillery Wood, Boesinghe, nid nepell o Gefn Pilkem, ac fe'i gosodwyd yn 'Plot 2, Row F'. Ym mis Medi 1923, cysylltodd Silyn Roberts â'r Comisiwn Beddau Rhyfel Ymerodrol ar ran teulu'r Ysgwrn gyda'r bwriad o gael y geiriau 'Y Prifardd Hedd Wyn' ar y garreg fedd. Dyma ran o'r llythyr a luniwyd gan Silyn ond a anfonwyd yn enw Evan Evans:

> ... My son was a peasant farmer like myself and only thirty years of age when he fell, but he had won a national reputation as a poet of great merit. The inscription suggested by the National Committee, namely,
>
> Y PRIFARDD HEDD WYN
>
> is simple and most appropriate.

Bu'r cais yn llwyddiannus, a thorrwyd y geiriau ar y garreg. Anfonwyd y groes wreiddiol at Silyn Roberts, ac fe'i cyflwynodd yn rhodd i Ysgol y Cyngor yn Nhrawsfynydd.

Yn ychwanegol at Yr Ysgwrn a'r gofeb yn Nhrawsfynydd, dyma gyrchfan pererindod arall i barhau chwedloniaeth Hedd Wyn. O 1920 ymlaen, bu miloedd o drigolion Prydain yn Ffrainc a Fflandrys yn chwilio am feddau eu hanwyliaid. Bu i gannoedd o Gymry, yn eu tro, ymweld â bedd Hedd Wyn yn Artillery Wood. Un o'r rhai cyntaf oedd Silyn Roberts ei hun, a fu yno ar Fedi 12, 1923. Bu eraill yno hefyd. Trefnwyd pererindod o

pounds. Building cemeteries and providing headstones for the graves of the fallen was the sole responsibility of the Imperial War Graves Commission.

Hedd Wyn's remains were removed to one of these new cemeteries, Artillery Wood Cemetery, Boesinghe, not far from Pilkem Ridge, and he was buried in 'Plot 2, Row F'. In September 1923, Silyn Roberts contacted the Imperial War Graves Commission on behalf of Hedd Wyn's family with the intention of adding the words 'Y Prifardd Hedd Wyn' – *prifardd* meaning, literally, 'chief-poet' or 'head-poet', a term similar to 'poet laureate' – to the gravestone. Here is short extract from the letter written by Silyn Roberts, but signed by Evan Evans:

> ... My son was a peasant farmer like myself and only thirty years of age when he fell, but he had won a national reputation as a poet of great merit. The inscription suggested by the National Committee, namely,
>
> Y PRIFARDD HEDD WYN
>
> is simple and most appropriate.

The application was successful, and these precise words were inscribed on the headstone. The original wooden cross was presented by Silyn Roberts to the Council School at Trawsfynydd.

Another place of pilgrimage was now added to the poet's home, Yr Ysgwrn, and the memorial at Trawsfynydd, to preserve

Coffáu a Chofio Hedd Wyn

Gymru i ymweld â bedd Hedd Wyn yn Artillery Wood ym 1934, gan rai o aelodau mwyaf blaenllaw'r Orsedd a'r Eisteddfod ar y pryd. Blaenllif y pererindota cyson i ymweld â gorweddfan Hedd Wyn oedd y pererindodau cynnar hyn.

Ac mae'r diddordeb yn Hedd Wyn yn parhau. Ym 1969, cyhoeddwyd cofiant iddo gan ei gyfaill, William Morris, er bod llawer iawn o wallau ffeithiol yn y cofiant hwnnw. Ym 1991, wedyn, cyhoeddwyd cofiant arall i Hedd Wyn gan awdur y llyfr hwn, yn dwyn y teitl *Gwae Fi fy Myw*. Awdur y llyfr hwn hefyd a luniodd sgript y ffilm *Hedd Wyn*, a gyfarwyddwyd gan Paul Turner. Dangoswyd y ffilm am y tro cyntaf erioed yn Eisteddfod Genedlaethol Aberystwyth ym 1992, ac wedyn yng Ngŵyl Ffilmiau Caeredin, ym mis Awst y flwyddyn honno. Hwn oedd dangosiad cyntaf y ffilm y tu allan i Gymru, a chafodd lawer o glod a sylw gan adolygwyr ffilmiau papurau Lloegr. 'I was greatly touched by the Welsh-language movie, *Hedd Wyn*,' meddai adolygydd *The Observer*. 'Not to be outdone, Wales came up with *Hedd Wyn*, a two-hour epic about a young poet sucked into the horrors of the First World War. This was dignified, intelligent …' meddai'r *Times*. Dangoswyd y ffilm ar S4C ar Dachwedd 1, 1992, i ddathlu degfed pen-blwydd y sianel. Enillodd y ffilm sawl anrhydedd a sawl gwobr wedi hynny. Enillodd un o wobrau pwysicaf y diwydiant teledu ym Mhrydain ym 1993, sef Gwobr y Gymdeithas Deledu Frenhinol, am ffilm deledu neu ddrama orau 1992, ac wedyn cafodd ei henwebu am Oscar ym 1994, fel un o ffilmiau gorau 1993 yn y categori ffilmiau tramor. Enillodd nifer o wobrau mewn

the myth of Hedd Wyn for posterity. From 1920 onwards, thousands of families crossed over from Britain to France and Flanders to visit the graves of their loved ones. Countless hundreds of Welsh people, over the years, have visited Hedd Wyn's grave in Artillery Wood. Silyn Roberts was one of the first to visit the grave, on September 12, 1923. Others followed. An enormous pilgrimage from Wales to Artillery Wood was arranged in 1934 by some of the foremost members of the *Gorsedd* of the Bards and the National Eisteddfod of Wales. These early pilgrims paved the way for others to undertake what would soon become a common pilgrimage.

Commemorating & Remembering Hedd Wyn

And the interest in Hedd Wyn still persists. In 1969, William Morris, his friend, published his biography of the poet, but the work is somewhat marred by factual errors. A fuller account of his life was published by the author of this book, *Gwae Fi fy Myw*, in 1991. The same author also wrote the screenplay for the film *Hedd Wyn*, which was directed by Paul Turner. The film was shown for the first time at the Aberystwyth National Eisteddfod in 1992, and then at the Edinburgh Film Festival, in August of the same year. This was the film's first showing outside of Wales, and it received great critical acclaim. *The Observer* reviewer 'was greatly touched by the Welsh-language movie, *Hedd Wyn*,' and a *Times* reviewer also commended the film: 'Not to be outdone, Wales came up with *Hedd Wyn*, a two-hour epic about a young poet sucked into the horrors of the First World War. This was dignified, intelligent ...' The film was shown on the Welsh Television Channel, S4C, on November 1, 1992, to celebrate

gwyliau ffilmiau rhyngwladol yn ogystal, gan gynnwys gwobr yn y wlad lle cafodd ei ladd, pan enillodd y Wobr Gyntaf yng Ngŵyl Ffilmiau Ryngwladol Fflandrys yn Ghent ym 1994.

Oedd, roedd stori Hedd Wyn bellach wedi cyffwrdd â miliynau drwy'r byd, ac wedi crwydro ymhell y tu hwnt i ffiniau Cymru. Ni chafodd Hedd Wyn ei anghofio yn Fflandrys ychwaith. Roedd brodor o Fflandrys, Lieven Dehandschutter, wedi ymddiddori yn hanes Hedd Wyn ac wedi ymweld â chartref y bardd yn Nhrawsfynydd. Penderfynodd fod angen gosod coflech i Hedd Wyn mor agos ag oedd bosib at y man lle trawyd y bardd yn angheuol, a'r lle delfrydol oedd mur caffi o'r enw Hagebos yn Langemarck. Cafodd Lieven Dehandschutter ganiatâd perchennog y caffi i osod coflech ar y mur, ac ar Orffennaf 31, 1992, 75 o flynyddoedd ar ôl ei farwolaeth, dadorchuddiwyd y goflech, ac arni grynodeb o hanes Hedd Wyn mewn tair iaith, Cymraeg, Fflemeg a Saesneg, ar groesffordd Hagebos yn Langemarck. Ar Fai 20, 1993, dadorchuddiwyd dwy goflech arall i goffáu Hedd Wyn gan Enid Morris, chwaer y bardd, a John Isgoed Williams, un ym man geni Hedd Wyn ym Mhen-lan a'r llall yn Yr Ysgwrn.

Daeth y Gadair Ddu i gynrychioli gwastraff, oferedd ac erchyllter rhyfel. Bu'n symbol erioed, a datblygodd i fod yn eicon cenedlaethol. Mae Hedd Wyn ei hun yn cynrychioli'r holl ddynion ifanc o Gymru, ac o Ewrop yn y pen draw, a gafodd eu malurio ar laddfeysydd y Rhyfel Mawr. Lladdwyd Hedd Wyn yn 30 oed, ac er ei fod yn hŷn na'r rhan fwyaf o ddynion ifanc ei genhedlaeth a gafodd eu lladd yn y rhyfel, gŵr ifanc

the channel's tenth anniversary. Eventually it won a clutch of international awards. It won one of the most prestigious British television awards in 1993, when it received the Royal Television Society's Best Single Drama Award for 1992. In 1994 it received an Oscar nomination in the Best Foreign Film category, as one of the best foreign language films of 1993. It won awards at several international film festivals, including an award by the country in which he was killed, the First Prize at the Flanders International Film Festival-Ghent in 1994.

Hedd Wyn's story had by then touched millions throughout the world, and had wandered far beyond Wales. Hedd Wyn is not forgotten in Flanders either. A young man from Flanders, Lieven Dehandschutter, began to take an interest in Hedd Wyn after visiting the poet's home at Trawsfynydd. He decided that a plaque should be placed as near as possible to the spot where Hedd Wyn was mortally wounded, and the most ideal place was the wall of a café called Hagebos in Langemarck. The owner of the café granted him permission to place a plaque on the wall, and on July 31, 1992, on the 75th anniversary of the poet's death, a commemorative slate in three languages, Welsh, Flemish and English, was unveiled at the Hagebos crossroads in Langemarck. On May 20, 1993, two other plaques to commemorate Hedd Wyn were unveiled by Enid Morris, the poet's sister, and John Isgoed Williams, one at the house in Pen-lan, where the poet was born, and the other at Yr Ysgwrn.

The Black Chair of Birkenhead epitomises the waste, the futility and the horror of war. It has become a national icon,

Coffáu a Chofio Hedd Wyn

oedd yntau hefyd, gŵr ifanc a oedd wedi marw heb gyflawni'i addewid, a heb aeddfedu'n llawn fel bardd. Fel miloedd o wŷr ifanc eraill ei genhedlaeth, gadawodd 'feysydd heb eu hau' ar ei ôl, fel y dywedodd y bardd rhyfel mwyaf erioed, Wilfred Owen, yn ei gerdd 'Futility'. Ac eto, mewn ffordd, mae stori'r Gadair Ddu yn cynnig gobaith ac ysbrydoliaeth. Lladdwyd Hedd Wyn, ac eto, enillodd gadair yr Eisteddfod Genedlaethol ar ôl ei farwolaeth. Enillodd a chollodd ar yr un pryd. Mewn ffordd, trechwyd y negyddol gan y creadigol, a methodd rhyfel ei rwystro rhag gwireddu ei uchelgais, sef ennill y gadair yn yr Eisteddfod Genedlaethol. Hanes buddugoliaeth un dyn yn wyneb trasiedi enbyd yw stori Cadair Ddu Birkenhead, a hanes un dyn yn gorchfygu rhyfel ei hun.

and has always been a symbol. Hedd Wyn himself represents all the young men of Wales, and ultimately of Europe, who were slaughtered in vain on the killing fields of the Great War. Hedd Wyn died when he was 30 years of age, and though older than most of the young men of his generation who were killed in the war, he was still a young man, a young man who died without fulfilling his promise, without growing into full maturity as a poet. Like many thousands of other young men of his generation, he left 'fields unsown' behind him, as the greatest of all war poets, Wilfred Owen, said in his poem 'Futility'. And yet, in a way, the story of the Black Chair offers hope and inspiration. Hedd Wyn was killed and yet he was posthumously awarded the Chair at the National Eisteddfod. He won and he lost, simultaneously. In a way, creativity overcame negativity, and war failed to prevent him from achieving his ambition: to win the Chair at the National Eisteddfod of Wales. The story of the Black Chair of Birkenhead is the story of one man's triumph over tragedy, and, ultimately, of one man's victory over war itself.

Mam Hedd Wyn
yn dadorchuddio'r
gofeb i'w mab.

Hedd Wyn's mother
unveiling the memorial
to her son.

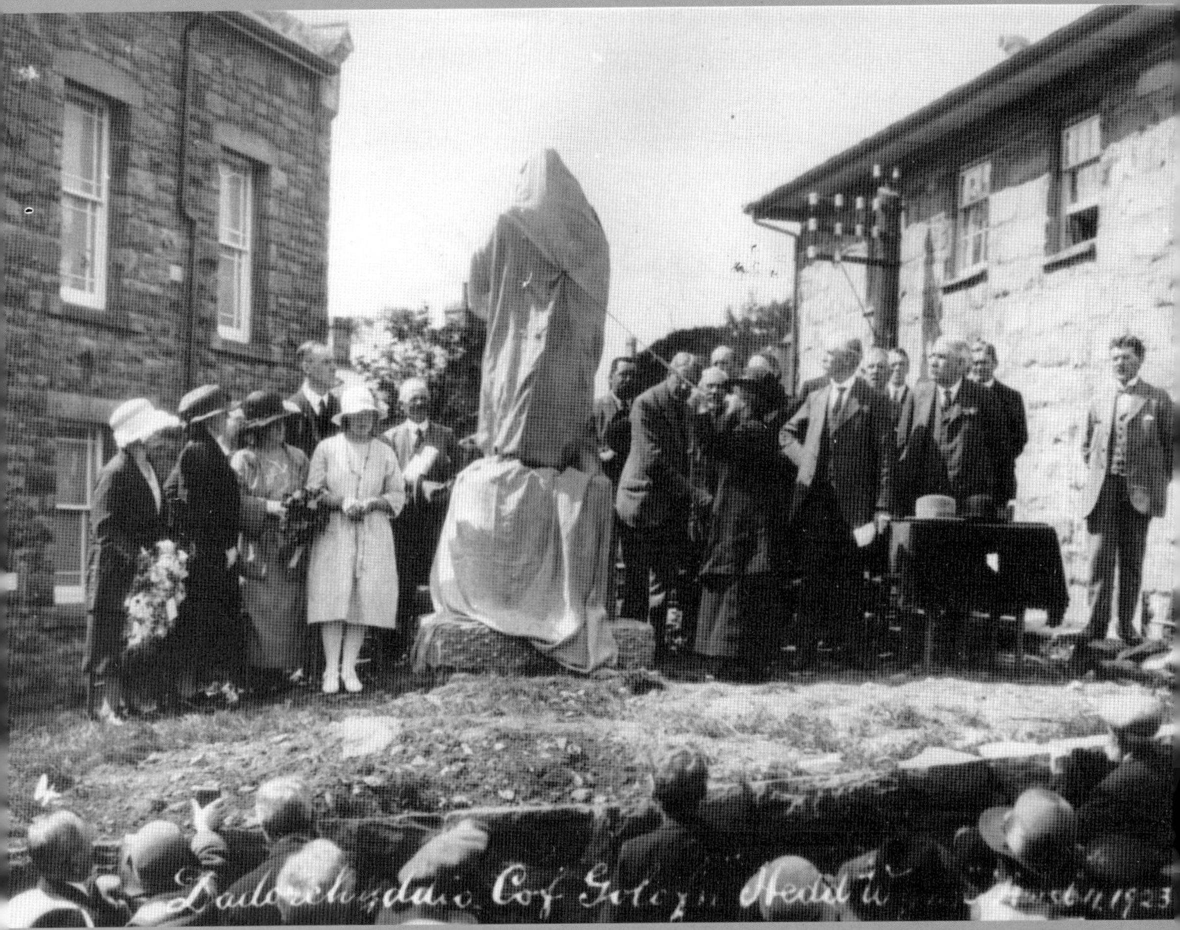
Dadorchuddio Cof Golofn Hedd
1923

L.S. Merrifield, lluniwr cerflun Hedd Wyn yn Nhrawsfynydd, yn dal model bychan o'i gerflun.

L.S. Merrifield, sculptor of Hedd Wyn's memorial at Trawsfynydd, holding a small model of his sculpture.

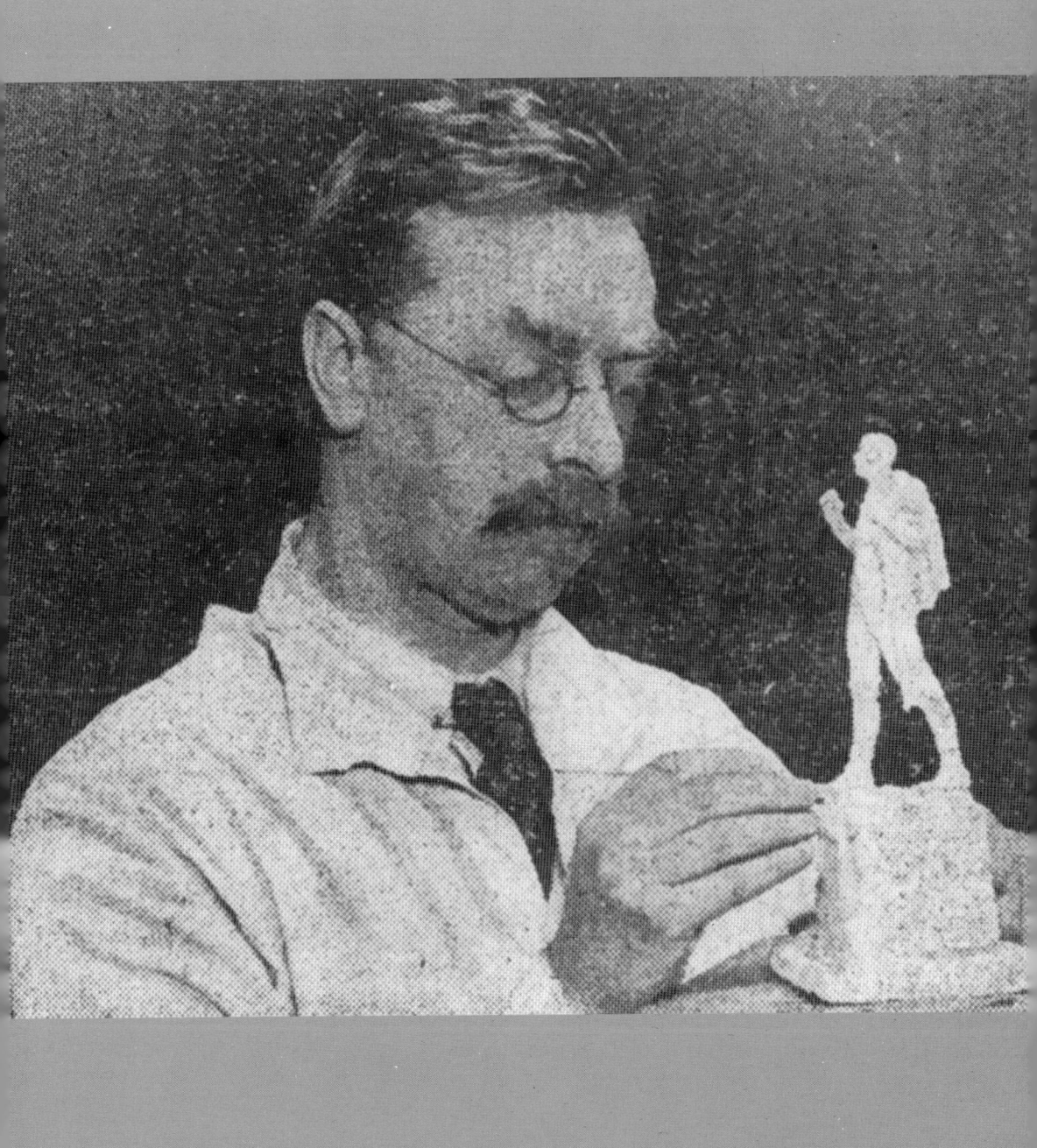

Lieven Dehandschutter.

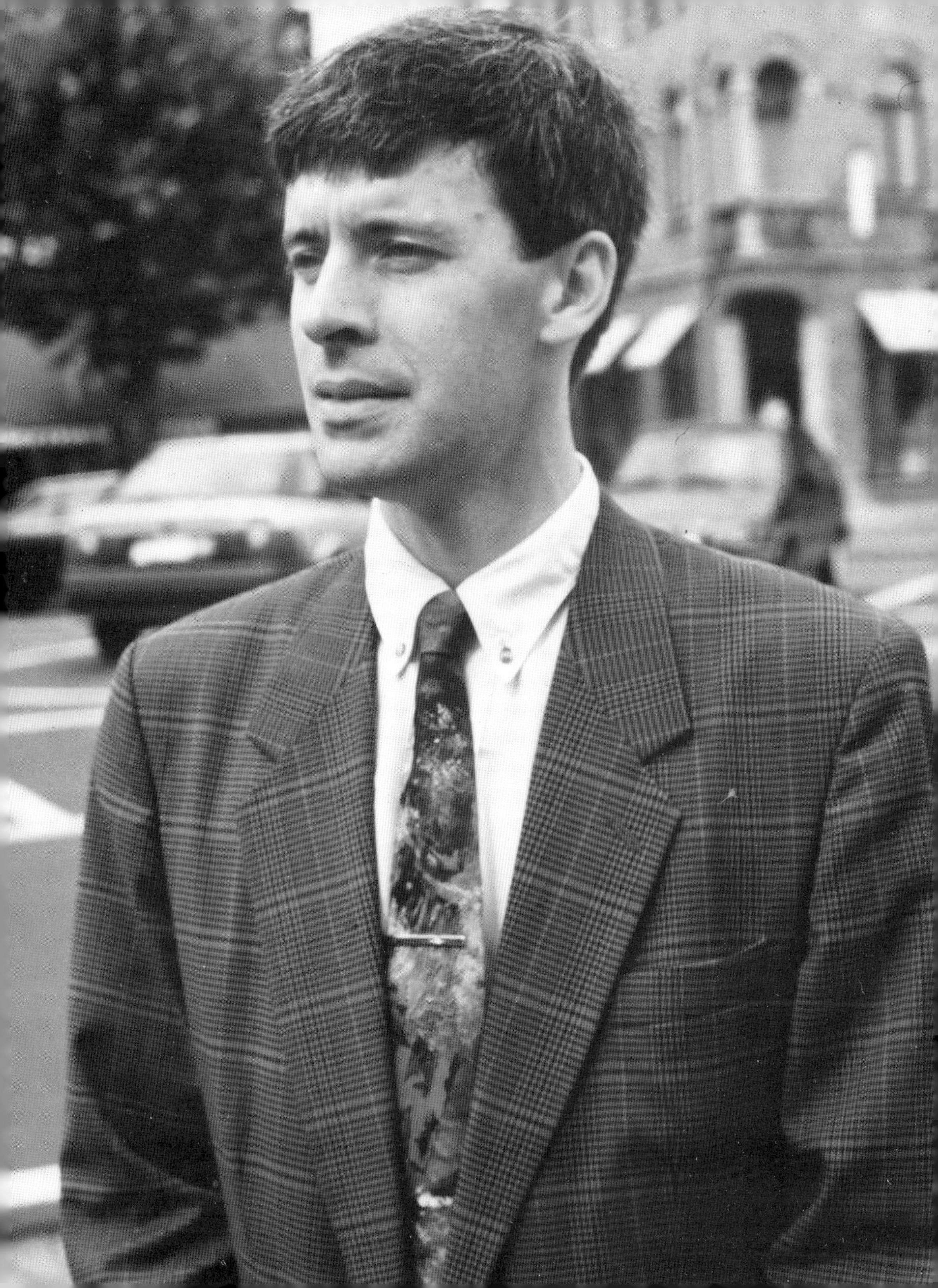

Enid Morris yn dadorchuddio'r goflech ar wal y tŷ lle cafodd Hedd Wyn ei eni.

Enid Morris unveiling the plaque on the wall of Hedd Wyn's birthplace.

YR 'YSGWRN'
CARTREF
HEDD WYN

Y goflech yn Langemark.　　The commemorative slate at Langemarck.

1887 HEDD WYN 1917

n ymyl y ffordd groesi hon clwyfwyd y bardd o Gymru, Hedd Wyn (Ellis Humphrey
vans), yn angheuol ar 31 Gorffennaf 1917. Ganed ef ar 13 Ionawr 1887 yn Nhraws-
ynydd (Cymru). Ar ôl ei farwolaeth, enillodd brif anrhydedd farddol Cymru: Cadair yr
isteddfod Genedlaethol, a hynny ar 6 Medi 1917. Lluniwyd y gadair honno gan Eugeen
anfleteren o Mechelen (Fflandrys). Cwblhaodd Hedd Wyn ei awdl arobryn "Yr Arwr" yn
lèchin (Ffrainc) cyn 15 Gorffennaf 1917, ar ei ffordd i faes y gad. Claddwyd ef
m Mynwent Artillery Wood, Boezinge.

ear this crossing the Welsh poet Hedd Wyn (Ellis Humphrey Evans) was mortally
ounded on 31 July 1917. Born on 13 January 1887 in Trawsfynydd (Wales). Posthumously
warded on 6 September 1917 the major poetry trophy of Wales: the Chair of the
ational Eisteddfod, made by Eugeen Vanfleteren of Mechelen (Flanders). Completed
is winning poem "Yr Arwr" (The Hero) in Flèchin (France) on 15 July 1917, on his way
o the front. Buried at Artillery Wood Cemetery, Boezinge.

abij dit kruispunt werd de Welshe dichter Hedd Wyn (Ellis Humphrey Evans) dodelijk
ewond op 31 juli 1917. Geboren op 13 januari 1887 in Trawsfynydd (Wales). Posthuum
innaar op 6 september 1917, van de belangrijkste poëzieprijs van Wales: de Zetel van

Y cerflun o Hedd Wyn yn Nhrawsfynydd.

The statue of Hedd Wyn at Trawsfynydd

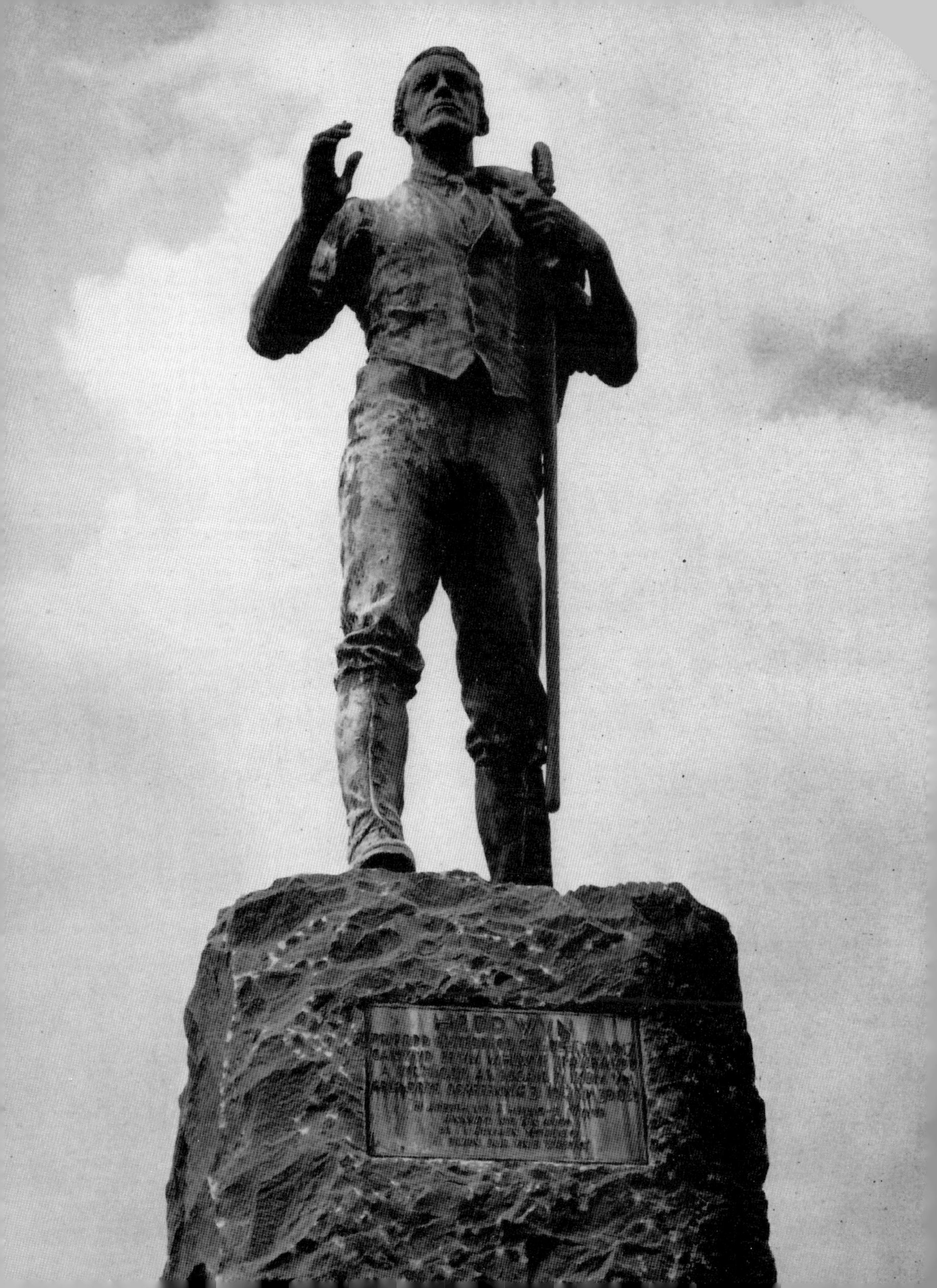

Mae'r rhan fwyaf helaeth o luniau'r gyfrol hon yn rhan o gasgliad personol yr awdur, ac eithrio'r deunydd canlynol (cyfeirir at rif y dudalen):

The vast majority of photographs included in this book belong to the author's personal collection, with the following exceptions (numbers refer to page numbers):

Gwasanaeth Archifau Gwynedd: 12-13, 212-213
Lieven Dehandschutter: 162-163
Yr Amgueddfa Ryfel Ymerodrol/Imperial War Museum: 152-153, 154-155, 156-157
Lluniau o'r ffilm *Hedd Wyn*/stills from the film *Hedd Wyn*: S4C
Llyfrgell Genedlaethol Cymru/National Library of Wales: 8-9